QUICKCHECK
SPANISH

by
Olga Juan Lázaro

BARRON'S

© Ernst Klett Verlag GmbH,
Stuttgart, Federal Republic of Germany, 1996.
The title of the German book is *QuickCheck Spanisch.*

Translated from the German by Kathleen Luft.

All inquiries should be addressed to:
Barron's Educational Series, Inc.
250 Wireless Boulevard
Hauppauge, NY 11788

Library of Congress Catalog Card No. 97-31025

International Standard Book No. 0-7641-0310-5

Library of Congress Cataloging-in-Publication Data
Lázaro, Olga Juan.
    [Quick check Spanisch. English & Spanish]
    Quick check Spanish / by Olga Juan Lázaro ; [translated from
the German by Kathleen Luft].
       p.   cm.
    English and Spanish.
    ISBN 0-7641-0310-5
    1. Spanish language—Textbooks for foreign speakers—
English.   2. Spanish language—Grammar—Problems,
exercises, etc.   3. Spanish language—Self-instruction.
I. Title.
PC4129.E5L39   1998
468.2'421—dc21   97-31025
                                    CIP

Printed in the United States of America
9 8 7 6 5 4 3 2 1

About This Book

QuickCheck Spanish contains 50 tests, each two pages in length, designed to help you evaluate your command of the Spanish language and your familiarity with various aspects of Hispanic culture.

You can use *QuickCheck Spanish* as a fast and fun way to test, increase, and improve your knowledge of the language.

QuickCheck Spanish also allows you maximum flexibility as you learn: You can take the tests in any order you choose, depending on your mood and inclination.

First, try to work through the tests without consulting the answers. Then you can compare the results with the answer section in the back of the book. There you will also find explanations that help you understand why an answer is right or wrong.

The sections marked ⭐TIP provide you with further interesting information about the topics, additional vocabulary words and expressions, or helpful hints on learning Spanish.

Cross references will direct you to additional information about similar topics elsewhere in the book.

Words and concepts that may be unfamiliar to you and that are not translated in the answer section can be found in the Glossary at the back of the book.

We wish you a great deal of fun and success in learning with *QuickCheck Spanish!*

Contents

Felicitaciones

What do you say or write on special occasions? Match the good wishes with the appropriate situations.

1. ☐   2. ☐   3. ☐

Feliz Navidad y Próspero Año Nuevo

Feliz Año Nuevo

Feliz aniversario

Felices Pascuas

Enhorabuena

Mi más sincera enhorabuena

4. ☐   5. ☐   6. ☐

7. ☐

8. ☐

9. ☐

10. ☐

Mi más sentido pésame

Que sea por muchos años

Feliz cumpleaños

Felicidades

a)   por obtener un trabajo que nos gusta
b)   por haber pasado un examen difícil
c)   por un ascenso en el trabajo
d)   por el nacimiento de un hijo
e)   en una boda a los novios
f)   por las bodas de oro
g)   por la pérdida/muerte de un familiar
h)   en la Navidad
i)   en el Año Nuevo
j)   en Semana Santa
k)   en un cumpleaños
l)   en un santo

¿Qué tiempo hace hoy?

A

As a rule, we think of Spain and Latin America as having good weather. When you solve the crossword puzzle, the word in the outlined boxes will tell you how the weather was this morning.

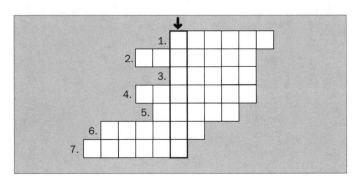

1. Con temperaturas bajas, lo normal es que la sierra esté _____ .

2. Rayos y _____ : se prepara una buena tormenta.

3. ¡No vayas al parque, que ha llovido mucho y estará lleno de _____ !

4. Si hoy hace un día de sol, es un día

   _____ .

5. Lo contrario de "Hoy hace mucho *frío*".

   _____

6. En el centro de un continente el clima es *seco*, y en la costa es _____ .

7. *(Desde dentro de casa)* "¡Mira qué _____ hace! ¡Cómo se mueven los árboles"!

Solución: Hoy ha amanecido _____ .

B

Do you know the adjectives that pertain to the four seasons? A little hint: They all end in "-al."

_____ _____

 **CHECK 3** **WATCH OUT, TRICK QUESTIONS!**

La respuesta correcta

Of course, there are always several ways to respond to a question or a statement. But here, one of the responses in each case is wrong. Indicate the correct answers with an X.

1. (Por teléfono) *Hola, buenas noches, ¿está Luis?*
   - ☐ a) Aquí no, adiós.
   - ☐ b) No, no ha llegado todavía.
   - ☐ c) No, ha salido y no vendrá hasta mañana.
   - ☐ d) Aquí no hay ningún Luis, se confunde.

2. *¿Le importa que fume?*
   - ☐ a) Esta es la zona de no fumadores.
   - ☐ b) No, no, adelante.
   - ☐ c) Si no le importa, prefiero que no lo haga.
   - ☐ d) No tiene importancia.

3. *¿A qué hora te levantas?*
   - ☐ a) Normalmente, a las 8 de la mañana.
   - ☐ b) A las 7 con 30.
   - ☐ c) A las 7 ya estoy en marcha los días de diario.
   - ☐ d) No tengo ninguna hora concreta, entre las 8 y las 10.

4. *¿Tomamos algo al salir?*
   - ☐ a) ¡Ah, que buena idea!
   - ☐ b) No, hoy no puedo.
   - ☐ c) Tomamos algo al salir.
   - ☐ d) Sí, te lo iba a proponer yo ahora.

5. *¿Me puede atender, por favor?*
   - [ ] a) Sí, ¿dígame?
   - [ ] b) Claro, ¿qué quería?
   - [ ] c) No, yo no soy de aquí.
   - [ ] d) Sí, ¿qué le explico?

6. *Hola, ¿qué tal?*
   - [ ] a) Hola, ¿cómo estás?
   - [ ] b) Bien, ¿y tú?
   - [ ] c) Bien, gracias.
   - [ ] d) Mal, no me va muy bien.

7. *Mañana vamos de excursión, ¿te quieres venir con nosotros?*
   - [ ] a) No, no quiero ir con vosotros.
   - [ ] b) No, no puedo, tengo demasiado trabajo.
   - [ ] c) Te lo agradezco, pero ya he quedado.
   - [ ] d) Cuánto lo siento, pero no podré ir.

8. *¡Oh! Muchas gracias, pero no hace falta que traigas nada.*
   - [ ] a) Pero si no es nada, sólo un detalle.
   - [ ] b) ¿Por qué no? Quería traértelo.
   - [ ] c) ¿No te gusta?
   - [ ] d) Muy bien. Gracias.

9. *¡Vaya! Hoy estás muy guapa.*
   - [ ] a) No, no es para tanto.
   - [ ] b) No, qué va. Como siempre.
   - [ ] c) Sí, hoy me siento realmente bien.
   - [ ] d) ¿Tú crees?

Uno y uno son . . .

A

In the blanks next to the following words, write the plural form of each word—if there is one.

1. la ciudad   _____
2. el sofá   _____
3. el café   _____
4. el cumpleaños _____
5. el pez   _____
6. el amor   _____
7. el paraguas   _____
8. el camión   _____
9. el viernes   _____
10. el árbol   _____
11. la ley   _____
12. el mes   _____
13. la crisis   _____
14. la telaraña   _____
15. el coche cama _____
16. la nariz   _____
17. el carácter _____
18. el sacacorchos _____
19. el esquí   _____
20. el hombre rana _____

B

Do you know which couples are hidden behind the following plurals?

1. los padres _____
2. los hermanos _____
3. los tíos _____
4. los padrinos _____
5. los hijos políticos _____
6. los reyes _____
7. los señores Asensio _____

¿A qué hora es mediodía?

A

Today is June seventh. Match the time expressions with the appropriate days and times.

1. ☐ El día 5 fue… .

2. ☐ El día 6 a las 23,00 horas fue… .

3. ☐ El día 8 será… .

4. ☐ El día 9 será… .

5. ☐ A las 24,00 horas estamos en… .

6. ☐ Si se acuesta a las 4 de la mañana, se dice que se acuesta… .

7. ☐ A las 14 horas es… .

8. ☐ El día 8 a las 11 horas es… .

9. ☐ A partir de las 22,00 horas se habla de… .

a) mañana por la mañana
b) de madrugada
c) mañana
d) el mediodía
e) la medianoche
f) por la noche
g) pasado mañana
h) anoche
i) anteayer

B

Only one of each pair of responses below will answer the question correctly. Indicate the correct response with an X.

1. *¿Puede esperar un momento, por favor?*
   - ☐ a) un instante
   - ☐ b) media hora

2. ● *¿Cuándo quieres que pase a recoger el libro?*
   ▲ *Alrededor de las 5 de la tarde, que ya estaré en casa.*
   - ☐ a) antes de las 5 de la tarde
   - ☐ b) sobre las 5 de la tarde

3. *Te paso a recoger sobre las 6, ¿vale?*
   - ☐ a) a las 6 en punto
   - ☐ b) a eso de las 6

4. ● *¿Te falta mucho para terminar?*
   ▲ *Sí, bastante, todavía tengo para un rato.*
   - ☐ a) para un momento
   - ☐ b) para largo

5. *¿Qué día es hoy?*
   - ☐ a) ¿A cuántos estamos hoy?
   - ☐ b) ¿Qué hora tiene?

 **CHECK 6**

¿Sabía que . . .? Un poco de historia

True or false? How familiar are you with the history of the Spanish-speaking countries? Indicate the correct answer with an X.

1. En 1492 se descubre un nuevo continente, América. El navegante Cristóbal Colón al servicio de la corona española, no había nacido en este país. ¿Cuál se supone que era su nacionalidad?
   - ☐ a) italiana
   - ☐ b) portuguesa
   - ☐ c) francesa

2. El patriota y caudillo de la emancipación sudamericana, Simón Bolívar, apodado "El Libertador", ¿en qué ciudad sudamericana nació?
   - ☐ a) Quito
   - ☐ b) Buenos Aires
   - ☐ c) Caracas

3. Los países hispanoamericanos se han caracterizado por los golpes de estado casi desde su emancipación. En 1973 fue asesinado un presidente democrático en Santiago de Chile. Su nombre era:
   - ☐ a) Augusto Pinochet
   - ☐ b) Alán García
   - ☐ c) Salvador Allende

4. ¿En qué año se produjo la restauración de la monarquía española, con Juan Carlos I de Borbón y Borbón, tras la dictadura de Franco?
   - ☐ a) 1960
   - ☐ b) 1975
   - ☐ c) 1979

5. En 1898 España perdió las últimas posesiones coloniales en América. ¿Puede señalar qué países se emanciparon?
   - ☐ a) Puerto Rico y Cuba
   - ☐ b) Chile y Perú
   - ☐ c) México y Nicaragua

6. ¿En qué fecha se celebra el Día de la Hispanidad en todos los países hispanos?
   - ☐ a) 12 de octubre
   - ☐ b) 25 de julio
   - ☐ c) 1 de noviembre

7. En la Guerra de la Independencia contra el Ejército de Napoleón, el pueblo español se organizó con un peculiar y característico estilo militar, ¿puede señalar cuál?
   - ☐ a) guerrillas
   - ☐ b) ataques masivos
   - ☐ c) agentes secretos

8. En la isla de Cuba existe una bahía que pertenece a otro país. ¿Sabe qué país es dueño de la base de Guantánamo?
   - ☐ a) EE.UU.
   - ☐ b) México
   - ☐ c) Gran Bretaña

9. ¿Qué nombre recibían los hombres y las mujeres extranjeras que apoyaron a la República en la Guerra Civil española?
   - ☐ a) Brigadas Rojas
   - ☐ b) Brigadas Internacionales
   - ☐ c) Brigadas del Mundo

¿Perdone, dónde está . . .?

You want to visit friends in Calatrava, but to do so you first have to go to the other side of town. The directions you were given are a little confused, however. Use the map on the opposite page to put the directions in the proper order, placing appropriate numbers in the boxes below.

☐ De frente se encontrará con un hospital, coja la carretera de la derecha y allí, a pocos metros, encontrará la salida ya indicada.

☐ Vd. tiene que entrar en la ciudad.

☐ Llegará hasta un semáforo, una vez que lo pase, tuerza la segunda a la izquierda. Tendrá un prohibido que le obliga a girar por esta calle.

☐ Si va en coche, coja la primera a la izquierda.

☐ Gire la segunda a la derecha. Pasará por delante de una oficina del Banco Central. La oficina la dejará a la izquierda.

☐ Luego, tuerza la primera a la derecha.

☐ Pasará delante de una iglesia.

☐ Siga todo recto y tuerza la segunda a la derecha. Se encontrará con una fuente que hace de rotonda.

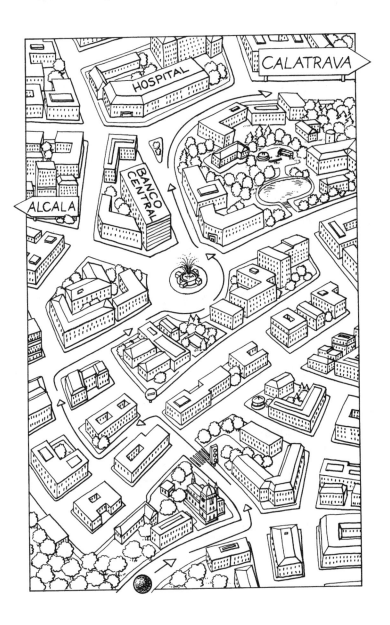

Adivina, adivinanza

The terms we ask you to supply here have more than one meaning. Find the words that fit both definitions.

1. • un signo de puntuación
   • estar inconsciente

   _____

2. • la flor que simboliza el amor
   • un color

   _____

3. • un juguete
   • parte del brazo que permite mover la mano

   _____

4. • lo necesita para enviar una carta
   • se pone en un pasaporte

   _____

5. • sinónimo de significado
   • pierde el conocimiento o el...

   _____

6. • descambiar en una tienda
   • sinónimo de vomitar

   _____

7. • lo que hace un profesor
   • mostrar algo a alguien

   _____

8. • persona que actúa con justicia
   • sinónimo de estrecho

   _____

9. • papel escrito que una persona envía a otra
   • lista de platos y bebidas que se pueden
     elegir en un restaurante

   _____

10. • sirve para guardar objetos en ella y
    transportarlos de un lugar a otro
    • lugar donde se compran y venden valores

   _____

11. • aparato para llamar a una puerta
    • modo de sonar la voz de una persona

   _____

12. • sinónimo de hecho
    • participación de la propiedad de una
      empresa, que puede ser cotizada en bolsa

   _____

Artículos

Fill each blank with the correct article from the box below. Watch out: Sometimes no article at all is required!

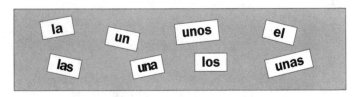

la   un   unos   el

las   una   los   unas

1. Últimamente _____ niño está siempre llorando, y nunca ha sido _____ niño llorón. No sé qué le puede estar pasando. A lo mejor es el colegio, o los amigos. No sé, no sé.

2. Resulta ahora que mi mejor amiga es _____ fresca: se ha echado _____ novio y ahora sale con él y con sus amigos; y se ha olvidado de mí y de sus amigos.

3. Juan es _____ profesor de español en Tréveris.

4. *Enrique y María están en casa:*
   - ● ¿Qué haces?
   - ▲ Estoy buscando _____ maleta.
   - ● _____ cualquiera, o alguna en concreto.
   - ▲ Hombre, me gustaría _____ de piel, _____ que tú te llevaste a _____ congreso de Berlín. Es la que más me gusta.

5. Eres _____ buen estudiante. Sigue así y te convertirás en _____ mejor alumno de este año.

6. ● ¿Qué día es?

   ▲ Hoy es _____ lunes, 23 de _____ mayo.

7. Cierra la puerta con _____ llave, por favor.

8. Voy a _____ Instituto, tengo _____ clase de Química.

9. ¿Por qué no os quedáis a cenar en _____ casa? Podemos preparar _____ tortillas y _____ salchichas que hemos traído de Frankfurt, así las probáis.

10. Ayer vinieron _____ Juan Carlos y _____ Ana a ver la casa y tomarse algo con nosotros.

11. En _____ Semana Santa visitamos _____ región de _____ León. Fue todo un descubrimiento: el arte, la naturaleza, la gastronomía…

12. *Hablando por teléfono:*

   ● No, no, lo siento, _____ Sr. López no ha venido todavía. Pero…, espere un momento. Ahora mismo llega. _____ Sr. López, buenos días. Es para Vd., _____ Sr. Roca.

   ▲ Hola, buenos días _____ Laura. Pásamelo a mi despacho, por favor.

WATCH OUT, TRICK QUESTIONS!

De cada día

Don't let yourself be taken in! Indicate whether the following statements are true T *or false* F *.*

1. ☐ Tanto los españoles como los hispanoamericanos celebran el día del nacimiento, el cumpleaños, y el día del santo (la onomástica), que es el día del año en el que el nombre de pila coincide con el nacimiento o la muerte de un santo o santa cristiana.

2. ☐ De España se tiene muchas veces una imagen muy tópica. Un escritor y un músico francés crearon el prototipo de la mujer española: gitana, andaluza, morena y envuelta en amores apasionados. De nombre le pusieron Carmen.

3. ☐ En España y Latinamérica lo típico es entregar los regalos de Navidad el 31 por la noche, justo a las 12, cuando termina el Año Viejo y empieza el Año Nuevo.

4. ☐ Se dice que los españoles tienen sangre de tres culturas en sus venas: árabe, judía y cristiana.

5. ☐ Muchas ciudades hispanoamericanas tomaron el nombre de otras ya existentes en España, como Guadalajara, Córdoba, Santiago, etc.

6. ☐ En Madrid sólo existe una gran pinacoteca (museo o galería de pintura), el Museo del Prado, pero es conocida internacionalmente.

7. ☐ México fue bautizada en su conquista por Hernán Cortés en el s. XVI como La Nueva España.

8. ☐ En Puerto Rico, el inglés y el español no tienen ningún problema de convivencia entre sus usuarios.

9. ☐ La Real Academia de la Lengua es un organismo público que proporciona unas normas de corrección para el uso del español.

10. ☐ En general, no hay problemas reales para entenderse con el español en 22 países diferentes.

11. ☐ La mayoría de los españoles e hispano-americanos gesticulan mucho y "se tocan" como manifestación de cercanía, de una relación próxima.

12. ☐ En Perú sólo se puede disfrutar de los deportes náuticos.

13. ☐ En Hispanoamérica el día 6 de enero, el día de los Reyes Magos, es un día muy importante para todos los niños, porque esperan recibir muchos regalos.

Las partes del cuerpo

The following definitions refer to various parts of the body—some not altogether seriously, others in a figurative sense. How many words can you guess correctly?

1. Los tenemos en las manos y en los pies.

   _____

2. Es el eje que divide nuestra cara.

   _____

3. Crecen y crecen, y cuando las cortamos no nos hacen daño. _____

4. Decora el vientre y era nuestra boca antes de nacer. _____

5. Las extremidades son cuatro: dos nos mantienen y a dos las mantenemos.

   _____

6. Sirven para mover las manos y los pies.

   _____

7. Están en la mitad de las extremidades y nos permiten doblarlas. _____

8. Por detrás tenemos la espalda y, por delante,

_____ .

9. Enmarcan nuestros ojos. _____

10. Protegen los ojos del polvo y del viento.

_____

11. Tienen las rayas que dibujan nuestra vida, si las sabe leer. _____

12. Es la parte del pie que siempre va por el suelo.

_____

13. Con uno Vd. oye, de la otra se cuelgan los pendientes. _____

 **CHECK 12**

Abreviaturas y siglas

A

Abbreviations often are puzzling! The words in the box will help you find the right meanings. However, you need to put the parts together correctly and arrange them in the proper order.

1. DNI _____

2. EE.UU. _____

3. RNE _____

4. IVA _____

5. F.C. _____

6. S.L. _____

7. UGT _____

8. CC.OO. _____

9. RACE _____

10. RENFE _____

11. RAE _____

12. S.A. _____

13. TVE _____

14. UNED _____

15. NIF _____

Academia ◆ Real ◆ Española
de los Ferrocarriles ◆ Españoles ◆ Red Nacional
Nacional ◆ Documento ◆ de Identidad
Española ◆ Televisión
Fiscal ◆ Identificación ◆ Número de
Anónima ◆ Sociedad
General ◆ de Trabajadores ◆ Unión
Obreras ◆ Comisiones
Impuesto ◆ Añadido ◆ sobre ◆ el Valor
Limitada ◆ Sociedad
a Distancia ◆ Universidad Nacional ◆ de Educación
Club ◆ Fútbol
Nacional ◆ de España ◆ Radio
Automóvil ◆ Real ◆ de España ◆ Club
Unidos ◆ Estados

B

How do you think the following words and expressions could be abbreviated?

1. por ejemplo _____

2. etcétera _____

3. es decir _____

4. pesetas _____

5. página _____

6. izquierda _____

7. derecha _____

8. usted _____

9. señor _____

10. señora _____

CHECK 13   GRAMMAR

¿Ser o estar?

The English verb "to be" is expressed in Spanish by the words "ser" and "estar." Which of these two verbs is the right choice in the sentences below? Underline the correct verb form.

1. La reunión **será/estará** mañana viernes a las 12 de la mañana.

2. El examen **es/está** en el aula 7.

3. Mi hermano **es/está** de camarero en un mesón de la calle Alcalá.

4. Mi mujer **es/está** profesora de matemáticas.

5. Perdone, quería descambiar esta camisa porque **es/está** descosida por el cuello.

6. **Fue/Estuvo** un desastre de comida: la sopa **era/estaba** fría, el cordero seco, y de postre nos pusieron unas natillas que no sabían a nada.

7. Este mueble **es/está** hecho a mano. **Es/Está** un modelo único.

8. ● Ernesto **es/está** insoportable desde que suspendió las oposiciones. Nunca **ha sido/ha estado** así por ningún problema, ni siquiera cuando le dejó la novia.
   ▲ ¿De verdad? Yo le saludé el otro día, y **era/estaba** como siempre.

9. ● ¿Eres/Estás listo? Tenemos que salir ya si queremos llegar a tiempo.
   ▲ Sí, sólo me faltan las llaves del coche. Enseguida soy/estoy.

10. La película no ha sido/ha estado nada mal. Me han gustado mucho el guión y la dirección.

11. La fiesta de anoche fue/estuvo todo un éxito. Todo fue/estuvo fenomenal.

12. Yo era/estaba en aquella galería de arte por casualidad. ¿Y sabes a quién me encontré? A Luis María: él era/estaba el que exponía.

13. Ayer cuando salí de trabajar era/estaba ya de noche.

14. ● ¿Qué hiciste anoche?
   ▲ Fui/Estuve tomando unas copas con los amigos y luego me fui a casa a dormir.

Han llegado las vacaciones

Which of the two destinations illustrated here do you prefer? Name the numbered objects in the drawings.

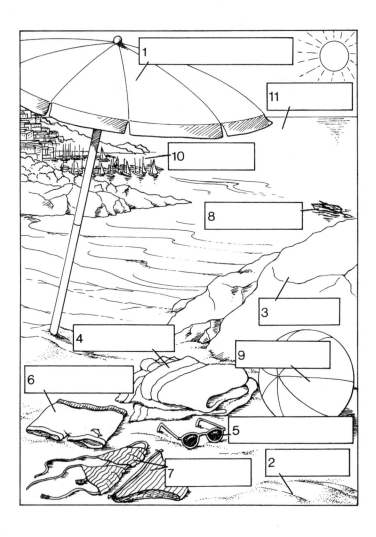

a

b

c

d

e

f

g

h

i

j

k

Cartas y tarjetas de agradecimiento

Claudia Tenten has spent a few days with her friends in Peru. Now she would like to thank them for their hospitality. Fill in the gaps in her letter.

Munich, _____ (1)

Queridos Pilar y _____ (2)

¿Qué tal estáis? Os envío un recuerdo de mi ciudad _____ (3) los días tan   estupendos que hemos pasado juntos. _____ (4) me devolváis la visita y podáis _____ (5) Alemania tanto como yo de vuestro país. Os _____ _____ (6). Os llamaré pronto.

Un abrazo muy fuerte,

_____ (7)

1. *Para poner la fecha:*
   a) 9 de octubre de 1997
   b) 9.9.97
   c) 9-IX-97

2. *¿Qué tipo de escrito es?*
   a) Emilio,
   b) Emilio:
   c) Emilio

3. *Para expresar agradecimiento:*
   a) para agradeceros
   b) agradecerte por anticipado
   c) por mucho agradecimiento

4. *Para pedirles que visiten pronto Munich:*
   a) Seguro que pronto
   b) Ya verás como pronto
   c) Espero que pronto

5. *Para decir que "se lo pasen bien":*
   a) gustar de
   b) de disfrutar
   c) disfrutar de

6. *Para decir que "les va a gustar mucho":*
   a) va a encantar.
   b) encanta seguro, sin dudas.
   c) va a agradecer, de verdad.

7. *¿Cómo se firma?*
   a) Claudia Tenten
   b) Claudia
   c) Vuestra Claudia

WATCH OUT, TRICK QUESTIONS!

¿Poyo o pollo?

There are Spanish words that are pronounced the same, but are spelled differently and have a different meaning. Underline the correct word in each of the sentences below.

1. ● Yo nunca había estado en una granja, y hay de todo: conejos, gallinas y vacas/bacas. Me impresionó muchísimo.
   ▲ ¿Y viste alguna cría? No sé, poyos/pollos con las gallinas, por ejemplo.

2. ¡Ojalá haya/halla hecho mi esposa ya la comida! Estoy hambriento.

3. El otro día fuimos a la montaña y no pudimos salirnos del camino. Estaba todo el bosque rodeado de una valla/baya/vaya.

4. Haber/A ver, dime, ¿qué es lo que te pasa? ¿Estás enfadado conmigo?

5. Armas siempre demasiado ruido, es mejor que estés cayado/callado, si no quieres que el profesor te pregunte.

6. ● ¿Te duele aquí?
   ▲ ¡Hay/Ahí/Ay! Cuidado, ya te he dicho que sí, me duele toda la rodilla, y no sé de qué.

7. Ayer metí el pie en un oyó/hoyo y ahora lo tengo un poco hinchado.

8. Hoy he presenciado un hecho/echo muy sorprendente. Una señora mayor ha cogido al chico que le acababa de robar el bolso.

9. ● ¿Has terminado de hacer lo que te encargué?
   ▲ Sí, sí mamá. Lo he hecho todo.
   ● ¿Y también has cortado la hierba/hierva del jardín?
   ▲ ¡Ay, no! Eso se me ha olvidado.

Hablar del pasado

What happened in the story below? Choose the correct past tense form: pretérito imperfecto ("me levantaba") or pretérito indefinido ("me levanté"), and complete the sentences with the verb in the person indicated.

"El verano de los catorce años _____

_____ (1. transcurrir, *3ª singular*) sin

ninguna novedad. Todos los niños del pueblo

_____ (2. pasarse, *1ª plural*) el día

jugando y corriendo por la plaza del pueblo, y por

las afueras. _____ (3. correr, *1ª pl.*)

entre los huertos, nos _____ (4. subir,

1ª pl.) a los árboles, _____ (5. robar,

1ª pl.) manzanas. No _____ (6. pasar,

3ª sg.) nada especial.

Al finalizar agosto, _____ (7. volver,

1ª pl.) a la ciudad. Pero no _____

(8. ser, *3ª sg.*) un comienzo habitual. En el portal

_____ (9. tener, *1ª pl.*) unos nuevos

vecinos, y pronto _____ (10. poder,
1ª sg.) descubrir que Blanca también
_____ (11. divertirse, *3ª sg.*) con las
experiencias más locas. _____
(12. empezar, *1ª pl.*) a ir a pescar y allí, junto al
río, _____ (13. llegar, *3ª sg.*) la noche,
y entonces _____ (14. mirar, *1ª pl.*) las
estrellas y _____ (15. descubrir, *1ª pl.*)
infinitas figuras.

Al siguiente verano _____ (16. irse,
1ª pl.) de nuevo al pueblo, y cuando _____
_____ (17. terminarse, *3ª sg.*) el castigo
del verano y _____ (18. regresar,
1ª pl.) a la ciudad, los nuevos vecinos _____
_____ (19. tener, *3ª pl.*) un hijo de mi
edad con el que _____ (20. ir, *1ª sg.*)
a pescar sólo una vez."

Blanco y negro

Find the antonyms of the words in boldface, and fill in the blanks.

> vacío ☆ aburrida ☆ desagradable
> largo ☆ abierto ☆ mayor ☆ fea ☆ oscuro
> lento ☆ baja ☆ pesimista ☆ salada ☆ gorda
> moreno ☆ sucio ☆ viejos ☆ introvertida

1. ● Me encanta Marisa, es una chica muy

   agradable, **divertida**, **extrovertida**…

   ▲ ¡Qué dices! Será contigo, porque a mí me

   parece justo lo contrario: (a) _____,

   _____ e _____ .

   ● ¿Quién? ¿Marisa?

   ▲ Sí, Marisa. Eso sí, es muy **alta**, **delgada** y **guapa**.

   ● Ja, ja, ja… No estamos hablando de la misma.

   Marisa Gutiérrez es (b) _____,

   _____ y más bien _____ .

2. ● Esta comida está un poco **sosa**, ¿no?

   ▲ ¡Qué raro! Yo creía que la había dejado más

   bien _____ .

3. Me he comprado un jersey **nuevo**. Todos los que

   tenía estaban ya muy _____ .

4. Este niño nunca sale **limpio** a la calle. Siempre está _____ .

5. ● Mira, qué día tan **claro** se ha quedado.
   ▲ ¡Es verdad! Con lo _____ que hoy ha amanecido.

6. ● ¿Sabes cuál es el animal más **rápido** del mundo?
   ▲ El más rápido no, pero el más _____ sí: la tortuga.
   ● Bueno, según el cuento, ganó a la liebre.

7. Jorge y Álvaro son hermanos, pero son como el día y la noche, uno es **rubio** y el otro es (a) _____; el uno lleva el pelo **corto** y el otro lo lleva (b) _____ .

8. El **optimista** es el que ve el vaso medio **lleno**, el (a) _____ es el que ve el vaso medio (b) _____ .

9. Siempre dejas la puerta **cerrada**, y sabes que me gusta trabajar con todo _____ .

10. Laura es la **pequeña** y Juan Carlos es el _____ .

CHECK 19 **SOMETHING DIFFERENT**

Lenguas habladas en España

Read the text below. Following it you will find the definitions of nine words, all of which occur in the text. Which words fit the definitions?

En España se hablan cuatro lenguas: el español o castellano, el catalán, el gallego y el vasco. Excepto el vasco, todas descienden del latín, que a su vez pertenece a un grupo de lenguas englobadas bajo la denominación genérica del indoeuropeo. Estas lenguas tienen su origen en la evolución del latín en las diferentes regiones y su contacto con la lengua de los habitantes de esas regiones.

El catalán se habla, actualmente, en las comunidades de Cataluña, Comunidad Valenciana y en las Islas Baleares; el gallego en Galicia; y el vasco en el País Vasco. El español también se llama castellano porque es en esta región, Castilla, donde tiene su origen.

Además, se pueden distinguir diferentes dialectos dentro del español. No hay que olvidar que es una lengua hablada por más de trescientos millones de personas en todo el mundo. En general, se pueden establecer dos grandes grupos: el español continental o del interior, que es el que correspondería a la España centro y norte, y en Hispanoamérica a las zonas interiores; y el español andaluz o costero-insular, que es el que corresponde al sur de España y Canarias, y en Hispanoamérica a las costas y riberas de los ríos, y al Caribe insular.

1. Sinónimo de ordenar, disponer, fijar:

   _____

2. Nombre o título con que se designa a una persona o cosa:

   _____

3. Variedad de una lengua desarrollada en una zona concreta pero sin suficiente diferenciación frente a la considerada principal:

   _____

4. Sinónimo de proceder, surgir, originarse:

   _____

5. Que es común a muchas especies: _____

6. Adjetivo para referirse a una isla: _____

7. Relación que se establece entre dos o más personas o cosas:

   _____

8. Sinónimo de incluir, encerrar, contener:

   _____

9. Relativo a las grandes extensiones de tierra separadas por los océanos:

   _____

Reservar una habitación

The following conversation at a hotel reception desk has become slightly jumbled. Number the parts of the dialogue to indicate the correct sequence. A little hint: The questions and answers of the hotel guest ▲ are on this page, those of the receptionist ● are on the opposite one.

| 1 | ▲ Hola, buenos días. |

| | ▲ Sí, por supuesto, sin ningún problema. |

| | ▲ La noche del 6 al 7 del mes que viene. |

| | ▲ Con baño, por favor. |

| | ▲ Pagaremos en efectivo cuando vayamos. |

| | ▲ Quería reservar una habitación doble y una individual. |

| | ▲ Sí, Ramón Pérez Sanjuán. |

| | ▲ A usted. Adiós. |

| | ▲ Sí, sí. ¿Qué desayuno ofrecen? |

- [ ] Pues ya está. Si no le importa, ¿puede confirmarme la reserva uno o dos días antes?

- [ ] Buffet libre. ¿Pagarán con tarjeta o en efectivo?

- [ ] Buenos días, ¿dígame?

- [ ] Muy bien, ¿para qué fecha?

- [ ] Muy bien. ¿Me puede dar un nombre para la reserva?

- [ ] ¿Van a desayunar en el hotel?

- [ ] Muchas gracias.

- [ ] ¿Una noche entonces? Un momento por favor. ¿Las quiere con baño o ducha?

En correos

A

The envelope has already been addressed. What are the numbered parts of the address called?

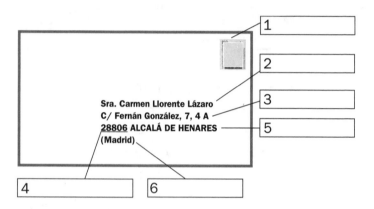

Sra. Carmen Llorente Lázaro
C/ Fernán González, 7, 4 A
<u>28806</u> ALCALÁ DE HENARES
(Madrid)

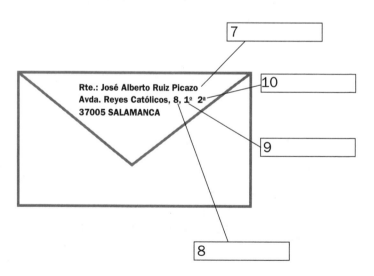

Rte.: José Alberto Ruiz Picazo
Avda. Reyes Católicos, 8, 1º 2ª
37005 SALAMANCA

B

Do you know what words and expressions the following abbreviations stand for?

1. c/ _____

2. Pza. _____

3. Avda. _____

4. Ctra. _____

5. Rte. _____

6. nº _____

7. P.D. _____

8. Att. _____

Pregunta, pregunta . . .

It doesn't cost anything to ask! Fill in the blanks below with the appropriate interrogative words. If you need help, take a look at the "question mark" on the opposite page: All the interrogatives are there, printed with no spaces between the words.

1. ● El otro día salimos a comer con Juan y Mercedes.

   ▲ ¿Y _____ son?

   ● Son unos amigos de Luis, de la carrera. Bueno, pues fuimos a un sitio fabuloso.

   ▲ ¿Te acuerdas de _____ se llama? Así podré ir yo también.

2. ● ¿ _____ quieres ir con este temporal?

   ▲ ¿ _____ lo dices? ¿Es que tú no piensas salir en todo el día?

3. ¿ _____ venís a visitarnos? Hace mucho tiempo que no nos vemos.

4. ¿ _____ cuestan estos pantalones?

5. ● ¿ _____ día es tu cumpleaños?

   ▲ El 21 de octubre.

   ● ¿Y _____ cumples?

6. Mira aquel chico, el de los pantalones verdes,
   ¿sabes _____ es?

7. He recogido estos trajes de la tintorería.
   ¿ _____ es el tuyo?

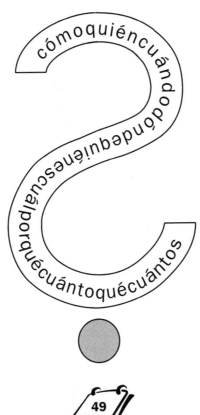

cómoquiéncuándodóndequiénescuálporquécuántoquécuántos

49

WATCH OUT, TRICK QUESTIONS!

Hábitos culturales

What is "typically Spanish"? Indicate whether the behaviors described below are common practice $\boxed{+}$ *or seem rather uncommon* $\boxed{-}$.

1. ☐ Vd. está en un parque leyendo en un banco y conoce a algún español/-a muy simpático/-a, al final resulta que es de otra ciudad y le invita amablemente a que conozca dónde vive. Por supuesto, Vd. piensa aceptar y llamarle un fin de semana para ir.

2. ☐ Vd. ha ido a buscar a un amigo español a su casa y, mientras espera, su madre le ofrece algo para tomar. Vd. acepta inmediatamente para agradar a la señora.

3. ☐ Quiere preparar una fiesta con una merienda en su casa y cuenta con que cada uno de los amigos traiga algo para comer o beber.

4. ☐ Un amigo suyo le ha invitado a comer, para que no pase solo todo el domingo. Vd. lleva un detalle para agradar a la familia.

5. ☐ Si queda con unos amigos a una hora, es habitual que se conceda el llamado "margen de cortesía" de espera.

6. ☐ En las mesas en los bares, terrazas al aire libre, etc. no importa que se siente con gente que Vd. no conoce pero en cuya mesa está más de la mitad del sitio libre.

7. ☐ En los bares le ponen frutos secos (cacahuetes, pipas, aceitunas...), y sus cáscaras y huesos se tiran por el suelo.

8. ☐ Cuando Vd. sale con los amigos, se queda mucho tiempo en el mismo bar, charlando, tomando tranquilamente un café o una copa, etc.

9. ☐ A los camareros, peluqueros, conserjes, etc. es normal dejarles una propina.

10. ☐ En los ascensores y demás espacios compartidos con gente del mismo portal, o conocidos de trabajo, etc. hay que hablar de algo para romper el silencio.

Comidas y bebidas

What meals will the Gomez family be eating this week? List the following dishes and beverages under the meal categories to which they belong.

magdalenas, bizcochos, galletas...

paella

un filete con patatas fritas   tortilla de patata

una cerveza   cocido

un vermú

mejillones   leche con cacao

un tinto   un jerez

lentejas

huevos con patatas fritas

café con leche

pescado   *un bocadillo*

judías blancas   tostadas con mantequilla y mermelada

aceitunas

un sándwich

chocolate

patatas fritas, almendras...

1. DESAYUNO (comidas y bebidas)

_____
_____
_____
_____

2. APERITIVO (comidas y bebidas)

_____
_____
_____
_____
_____
_____

3. COMIDA (sólo comidas)

_____
_____
_____
_____

4. MERIENDA (sólo comidas)

_____
_____

5. CENA (sólo comidas)

_____
_____
_____
_____

 **CHECK 25**   **GRAMMAR**

¿Desde cuándo?

Indicate the correct translation of the English sentences below by placing an X in the appropriate box. Only one of each pair of sentences is correct.

1. *He has been living with us for two years.*
   - ☐ a) Él vive desde hace dos años con nosotros.
   - ☐ b) Él vivió hace dos años con nosotros.

2. *We have been playing tennis every Friday for several years.*
   - ☐ a) Hace algunos años jugamos al tenis cada viernes.
   - ☐ b) Desde hace algunos años jugamos al tenis cada viernes.

3. *When I was single, I went out almost every evening.*
   - ☐ a) Cuando era soltera, salía casi cada noche.
   - ☐ b) Cuando fuí soltera, salí casi cada noche.

4. *As a child, I couldn't keep quiet.*
   - ☐ a) Cuando fuí pequeño, no pude estarme quieto.
   - ☐ b) De pequeño, no podía estarme quieto.

5. *Since Easter they have been living in another city.*
   - ☐ a) Desde hace Semana Santa viven en otra ciudad.
   - ☐ b) Desde Semana Santa viven en otra ciudad.

6. *I've been working for this company for two years.*
   - [ ] a) Trabajo para esta firma desde hace dos años.
   - [ ] b) Trabajé hace dos años para esta firma.

7. *It snowed a week ago.*
   - [ ] a) Durante una semana nevó.
   - [ ] b) Hace una semana nevó.

8. *Whenever we want to cook a special dinner, we always need something we don't have.*
   - [ ] a) Cuando queremos preparar un menú especial, siempre necesitamos algo que no tenemos.
   - [ ] b) Si cuando queremos preparar un menú especial, siempre necesitamos algo que no tenemos

9. *How long have you been married?*
   - [ ] a) ¿Desde cuándo están casados?
   - [ ] b) ¿Hace cuánto se han casado?

Denuncie su caso

Read the following passage, in which an indignant man is reporting the theft of his wallet to the police. Then indicate whether the statements on the opposite page are true T *or false* F *.*

- ● Buenas tardes.
- ▲ Buenas tardes. Mire, me han robado la cartera y quería denunciarlo.
- ● ¿Dónde ha sucedido?
- ▲ No estoy muy seguro, pero creo que en el metro. Había mucha gente, todo el mundo con prisa... ya sabe.
- ● Entonces, ¿no ha podido ver a los ladrones?
- ▲ No, ya le he dicho que no. No sé cuándo ha sucedido y, por lo tanto, no sé quién ha sido.
- ● Tranquilícese. ¿Cuánto hace que ha echado en falta su cartera?
- ▲ Hace más o menos una hora. Y he venido corriendo a la comisaría. No puedo ir indocumentado por ahí. En el banco, para conducir... No sé qué voy a hacer.
- ● ¿Llevaba tarjetas de crédito u otras tarjetas?
- ▲ Sí, claro, ¿tendré que anularlas?
- ● Eso es lo primero que tiene que hacer. Mire, aquí le facilitamos los teléfonos de las centrales de las tarjetas de crédito más usuales. Después rellene los impresos para formalizar la denuncia y la petición de un duplicado del DNI. Para el carnet de conducir tendrá que dirigirse a la Dirección General de Tráfico.

▲ Pero yo quiero saber cuándo recuperaré mi cartera.

● En cuanto sepamos algo, le avisaremos. No se preocupe. Mientras tanto tendrá que gestionar la denuncia de todos los documentos perdidos para tener todo en regla.

1. ☐ El denunciante ha reconocido a los delincuentes.

2. ☐ El delito se ha cometido en el metro.

3. ☐ "Echar en falta" significa lo mismo que "darse cuenta".

4. ☐ El denunciante sólo llevaba en la cartera el carnet de conducir y el DNI.

5. ☐ "Ir indocumentado" significa no llevar los documentos encima o con uno mismo.

6. ☐ El policía le facilita una lista con los teléfonos de todas las tarjetas de crédito.

7. ☐ El denunciante tiene que hacer una declaración escrita del robo.

8. ☐ En la comisaría le pueden proporcionar un duplicado en el momento del DNI.

9. ☐ Para solucionar el problema del carnet de conducir puede llamar a la Dirección General de Tráfico desde la comisaría.

10. ☐ Si la cartera aparece con todo lo que tenía, el denunciante tendrá todos los documentos por duplicado.

¿Qué están diciendo?

What are the various people below trying to communicate? Find verbs that fit the situations pictured. If you need help, the words you need are in the box—with their syllables rearranged, however. Do you also know the nouns that are derived from the verbs?

---

tarinvi ◆ **ararcla** ◆ **cridesbir** ◆ **surrarsu**
forinmar ◆ **tarcon**

1 A las 12, hora local, ha tenido lugar la cumbre europea en la que…

2 Quiero celebrar mi cumpleaños el sábado por la tarde. ¿Por qué no te vienes?

3 ¡Schssss! Habla bajito mamá, que es un secreto.

SOMETHING DIFFERENT

¿A dónde quiere ir?

A

How about a trip through the major cities of Latin America? In the rows of letters inside the box, hunt (vertically, horizontally, and diagonally) for the capital cities of the eight countries listed below.

```
B  M  O  N  T  E  V  I  D  E  O
K  U  J  A  B  P  M  N  S  L  A
A  Ñ  E  F  O  S  R  A  Ñ  C  S
U  S  T  N  G  Y  U  V  W  Q  U
C  Z  E  P  O  S  R  C  O  F  N
L  A  J  Ñ  T  S  X  Q  R  A  C
B  L  A  P  A  Z  A  U  L  E  I
V  Y  Ñ  O  R  S  N  I  Ñ  P  O
U  E  D  G  F  O  M  T  R  S  N
Z  O  H  T  Y  A  E  O  S  E  A
A  H  Q  C  A  R  A  C  A  S  S
```

1. Venezuela
2. Argentina
3. Paraguay
4. Colombia
5. Uruguay
6. Ecuador
7. Bolivia
8. Perú

B

You also need to become familiar with the currencies of the various countries before you begin your trip. Try to match the following countries and their official currencies.

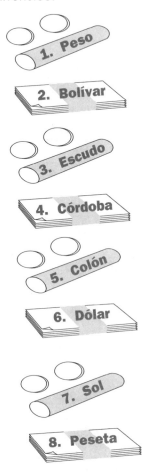

1. Peso

2. Bolívar

3. Escudo

4. Córdoba

5. Colón

6. Dólar

7. Sol

8. Peseta

a) Argentina

b) Perú

c) Nicaragua

d) Chile

e) Puerto Rico

f) Venezuela

g) Costa Rica

h) España

 **CHECK 29** **GRAMMAR**

Pronombre: sustituto del nombre

Parts of the following sentences are jumbled. Write them in the correct order. Think carefully about where each pronoun ("la," "lo," "le," "me," "te," "se," . . .) should be placed.

1. ● Querría saber si ya tienen mis pantalones listos.
   ▲ Sí, por supuesto, _____

   ¿quiere ◆ los ◆ que ◆ traiga? ◆ se

2. ● ¿Han hecho ya los deberes los niños?
   ▲ Sí, sí, claro que _____ .

   han hecho ◆ los

3. ● ¡Ah! No hay sal en la mesa.
   ▲ No _____
   ahora mismo.

   levantes, ◆ la ◆ te ◆ te ◆ traigo ◆ yo

4. ● Necesito el libro que te presté para preparar el examen de lengua.
   ▲ No _____ , esta misma tarde _____ a tu casa.

   lo ◆ te ◆ te ◆ llevo ◆ preocupes

5. *Sobre la compra de una corbata...*
   Vengo de las rebajas y _____
   _____ una corbata preciosa.

   Juan ◆ he comprado ◆ le ◆ a

6. ● Los caramelos, ¿dónde están?

   ▲ No están, _____

   > los ◆ todos. ◆ nos ◆ hemos comido

7. ● ¿Puedes preguntar a Carmen si ya ha
   terminado?

   ▲ No, ¿cómo _____
   _____ ? No quiero meterle prisa.

   > eso ◆ le ◆ a ◆ voy ◆ preguntar

8. ● ¿Has visto a María y a Luis?

   ▲ A _____ esta mañana,
   pero _____

   (contesta teniendo en cuenta: a María = sí; a Luis = no)

   > a ◆ la ◆ lo ◆ he visto ◆ él ◆ ella ◆
   > no ◆ he visto.

9. He escrito una carta para Joaquín, ¿ _____
   _____ ?

   > puedes ◆ la ◆ en el ◆ me ◆ buzón ◆ echar

10. ● ¿Es tuya esta camisa que está tendida?

    ▲ Sí, ¿si está seca, _____
    _____ ?

    > traer ◆ me ◆ la ◆ puedes

Vamos de compras

In the following conversation, the weights and measures are missing. All you need to do is to sort through the syllables on the scales and insert the words you form at the appropriate places.

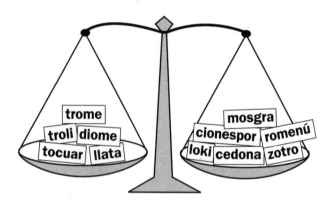

En una carnicería:

- ● ¿Me pone un k_____ (1) de chuletas de cordero?

- ▲ ¿Algo más señora?

- ● Sí, un c_____ (2) de carne picada de cerdo y m_____ (3) de pechugas de pollo.

En una salchichería (se compran embutidos, quesos...):

- ● Buenas tardes. ¿Qué quería?

- ▲ Cuatrocientos g_____ (4) de mortadela y

cuatrocientos de chorizo. Y me pone también una d_____ (5) de huevos blancos, de los de primera clase.

● ¿Le pongo algo más?

▲ Sí, un t_____ (6) de queso manchego y otro de camembert.

● El camembert se vende en p_____ (7).

▲ Ah, bien, pues póngame dos.

En una bodega:

● Hola, buenos días, quería un l_____ (8) de vino tinto y otro de vinagre.

Dos amigas hablando sobre ropa y calzado:

● El otro día vi una camisa preciosa, entré y no tenían mi t_____ (9).

▲ Yo con la ropa no suelo tener problemas, pero con el calzado siempre.

● ¿Ah, sí? ¿Qué n_____ (10) tienes?

▲ El 42.

● Claro, es que eres muy alta. Porque tú, ¿cuánto mides?

▲ Un m_____ (11) ochenta y dos.

Errores típicos: por y para

"Por" and "para" are two prepositions that present some difficulty because they often are used in very similar ways. Use them correctly in the following sentences.

a) ● Esta mañana no te he visto. ¿_____ (1) dónde has salido?

  ▲ _____ (2) la puerta de siempre, pero me he tenido que ir un par de horas antes. Tenía una cita con el médico.

b) ● Tienes mala cara.

  ▲ Sí, claro. No me extraña. Tengo que ir _____ (3) Bilbao ahora mismo, y no tengo ganas de estar todo el día en la carretera.

  ● ¿Por qué no vas _____ (4) la autopista? Te ahorras un par de horas.

  ▲ Sí, ya lo había pensado. Es lo que voy a hacer.

c) ● Hace un par de días que Ana no viene a clase.

  ▲ ¿Por qué no la llamas _____ (5) teléfono?

d) ● ¿Quedamos _____ (6) comer el fin de semana?

▲ El fin de semana no, pero si quieres podemos quedar _____ (7) el viernes.

● No yo el viernes no puedo, _____ (8) motivos de trabajo.

e) ● ¿Y Luis?

▲ No ha querido venir.

● Es increíble, ha nacido _____ (9) estudiar y trabajar. No hace otra cosa.

f) ● ¿Te has acordado de traerme el libro?

▲ No, lo siento. ¿Por qué no te pasas mañana _____ (10) la mañana _____ (11) casa? Así te enseño también otras cositas. ¿Vale?

● De acuerdo.

g) El delincuente fue denunciado _____ (12) un ciudadano que reconoció su cara _____ (13) las fotos difundidas en la prensa.

h) ● He comprado esta mañana un libro _____ (14) mi prima Mercedes.

▲ ¿Se lo regalas _____ (15) su cumpleaños?

● No, _____ (16) su santo.

De alquiler

Read the following passage. In it, you will find all the information you need to fill out the lease.

Ernesto trabaja en Madrid en un taller de mecánica llamado *Motor, S.L.* que está creciendo. Su jefe le quiere enviar a partir de febrero a Sevilla para que abra allí un nuevo taller. Tendrá que permanecer en Sevilla un año, por lo menos, hasta que todo esté bien organizado y pueda funcionar independientemente.

Ernesto Luján de la Torre es un chico de 30 años, nacido en un pueblo de Toledo, Almorox. Pero desde los 16 años está viviendo en Madrid donde estudió FP ("Formación Profesional"). Antes de marcharse tuvo que dejar todos los papeles en regla, para lo que tuvo que renovar el carnet de identidad, justo un mes antes de irse, el 15 de enero de 1995. El nuevo carnet era más pequeño y se incluía la letra del NIF ("Número de Identificación Fiscal"): 8987532-V.

Su jefe ya le ha buscado alojamiento en Sevilla, en un piso en la C/ Fernán González, 23, que pertenece a Susana Rojas Calvo, una sevillana que está casada con el hermano de su jefe. Con ella tendrá que firmar el contrato de alquiler, en cuanto llegue a Sevilla el mismo día uno.

CONTRATO DE ARRENDAMIENTO
DE FINCAS URBANAS

0964195   <u>EJEMPLAR PARA EL ARRENDATARIO</u>

IDENTIFICACION DE LA FINCA OBJETO DEL CONTRATO
Finca, local o piso (1) _____
Calle _____ núm. _____
Ciudad _____ Provincia _____

En _____ , a _____ de _____ de mil
novecientos _____ , reunidos Don
_____ , natural de
_____ , provincia de _____ , de _____
años, de estado SOLTERO , y profesión _____ ,
vecino al presente de _____ , con documento
nacional de identidad n.° _____ , expedido en
_____ , con fecha _____ , en
concepto de arrendatario, por sí o en nombre de _____
MOTOR, S.L. _____ , como _____
del mismo (1), y Don
_____ de 35
años, de estado _____ , vecino de _____ ,
con documento nacional de identidad n.° 0438358 ,
expedido en SEVILLA , con fecha
3 - JUNIO - 90 , como (2) _____ ,
hemos contratado el arrendamiento del inmueble urbano que ha sido
identificado encabezando este contrato, por tiempo de _____
UN AÑO , y precio de
// 80.000 PTAS. MES // _____ pesetas cada año,
pagaderos por MESES , con las demás condiciones que se
estamparán al dorso.
  Formalizado así este contrato, y para que conste, lo firmamos por
duplicado en el día de la fecha arriba indicada.

  EL ARRENDATARIO,   EL ARRENDADOR,
                                            Rojas

(1) Táchese lo que no proceda.

(2) Expresar el carácter con que interviene, si es Dueño, Apoderado o Administrador.

69

¿Qué me recomienda camarero?

In this test, everything has to do with eating—whether at home or in a restaurant. Match the two halves of the sentences correctly. A little hint: Pay close attention to the conjunctions, as well as to the various dishes.

1. ▢ ● ¿Qué me recomienda?
   ▲ Si le gusta el pescado,

2. ▢ Perdone, cuando pueda

3. ▢ Si no os parece mal,

4. ▢ Me gustaría comer canelones,

5. ▢ Ya que tú te conoces el restaurante,

6. ▢ ● Perdona, ¿el flan de huevo es casero?
   ▲ Nuestro flan no sólo es casero,

7. ▢ En caso de que Adolfo también se apunte a la comida,

8. ▢ Si volvemos todos la semana que viene,

9. ▢ Como no te gusta el vino tinto,

10. ▢ Si te gustan las salsas fuertes,

11. ▢ Si el pescado es fresco,

12. ▢ Si han terminado ya,

a) les traigo la carta de los postres.

b) seremos doce en total.

c) pida el besugo al horno. Está muy bueno.

d) pediremos el blanco de la casa, ¿te parece?

e) te aconsejo que pruebes el solomillo a la pimienta que hacen aquí.

f) encargamos una paella. ¿Os parece?

g) pagaré en la barra y luego echamos cuentas fuera. Así no tardaremos tanto.

h) así que podemos buscar un restaurante italiano.

i) nos trae la carta de vinos.

j) sabrás cuáles son los mejores platos.

k) pediré unos calamares fritos.

l) sino que es el más rico de la provincia.

 **CHECK 34**   **GRAMMAR**

Los prefijos

They're small, but oh boy! A prefix can change the meaning of a word completely. Match the prefixes below with the appropriate meanings. Then attach the correct prefix to each of the words on the opposite page. But be careful: Two prefixes are almost identical in meaning; only an example can help you find the difference between them.

sobre-   pre-   in-/i-

sub-   re-   des-

1. negación o inversión del significado

2. negación o falta de

3. anterioridad

4. debajo de, bajo

5. superposición o adición

6. repetición

vender

peso

creíble

maquillado

disponer

llevar

historia

responsable

formal

construir

rayar

terráneo

agradecido

sueldo

producto

legal

agradable

fabricar

excitar

director

culto

afortunado

pasar

crear

fijar

dependiente

¿Qué forma tiene? ¿De qué color es?

A

The syllables of the following words for the shapes pictured below have been mixed up. Can you put them back together correctly?

1. DONREDO

   _____

2. DRADOCUA

   _____

3. RECGUTANLAR

   _____

4. GULARTRIAN

   _____

5. OLADOVA

   _____

6. AGALARDO

   _____

B

*Colors often are used in connection with feelings—
that is to say, in a figurative sense. You won't get far
if you try to translate such expressions literally.
Nevertheless, try to complete the sentences below.
The drawings will provide clues to the correct
answers.*

1. El otro día pasé por detrás de Sonsoles y Cristina,
   y estaban poniendo _____ a la
   profesora de arte.

2. Cuando me entregaron el examen, me quedé en
   _____ . Tardé un buen rato en poder
   empezar a contestar.

3. José Alberto se puso muy _____
   cuando el profesor le pilló hablando.

4. ● ¡Oh! Qué día he tenido hoy. Todo me ha salido
      al revés.
   ▲ Llevas una temporada que todo lo ves de color
      _____ .

5. Cuando trabaja, se da cuenta que la vida no es de
   color _____ .

6. ● El otro día nos cayó un buen _____ .
   ▲ ¿Sí? ¿Qué pasó?
   ● Que no miramos las medidas para cortar una
     pieza… y ya te puedes imaginar el resto.

7. Hoy nos ha invitado a comer la empresa, y nos
   hemos puesto _____ de marisco.

 **CHECK 36**

SOMETHING DIFFERENT

Escritores

Spanish is the native language of more than 300 million people, as well as that of many famous writers. Do you know what countries some of them come from?

1. Alejo Carpentier _____

2. Octavio Paz _____

3. Camilo José Cela _____

4. Pablo Neruda _____

5. Julio Cortázar _____

6. Jorge Luis Borges _____

7. Guillermo Cabrera Infante _____

8. Miguel Ángel Asturias _____

9. Laura Esquivel _____

10. Ana María Matute _____

11. Mario Vargas Llosa _____

12. Carlos Fuentes _____

13. Gabriel García Márquez _____

14. Ernesto Sábato _____

15. Augusto Roa Bastos _____

16. Juan Carlos Onetti _____

17. Miguel Delibes _____

18. Mario Benedetti _____

19. Gloria Fuertes _____

20. Isabel Allende _____

En casa

Twelve words are hidden (horizontally, vertically, and diagonally) in the box on the next page. All of them are related to the same topic: housing. Be alert; not all answers read from left to right! Search for the words, and write each one next to the appropriate definition.

1. En una casa se pagan los recibos de:

   a) _____

   b) _____

   c) _____

   d) _____

   e) _____

   f) _____

2. Si busca dónde vivir, puede elegir, según sus necesidades, una vivienda:

   a) sin vecinos, incluso con jardín: _____ ,

   b) de dos o más habitaciones en un bloque:

      _____ ,

   c) de una habitación con salón-comedor y cocina separados: _____ ,

   d) con una sola habitación (en la que está incluida la cocina-americana): _____ .

3. En un bloque, lo normal es tener que llamar dos veces (excluyendo el teléfono, claro):

   a) primero, apretando un botón dentro de una caja en la que están los botones de todos los pisos del bloque: _____ auto-mático,

   b) segundo, apretando el botón del piso al que va: _____ .

e	m	l	a	t	p	o	o	ñ	h	u	t
l	l	e	s	t	u	d	i	o	s	p	a
g	a	e	a	d	f	t	y	d	o	x	r
o	p	l	c	o	m	u	n	i	d	a	d
a	p	a	r	t	a	m	e	n	t	o	p
f	a	r	f	e	r	b	m	i	t	l	o
s	s	d	a	l	u	i	o	d	y	o	r
q	a	ñ	a	e	s	w	c	j	s	v	t
m	s	g	o	f	a	k	u	i	ñ	p	e
x	u	ñ	p	o	b	l	p	t	d	e	r
a	t	j	x	n	e	q	u	s	g	a	o
z	r	e	l	o	y	ñ	a	v	c	v	d

¿Pretérito perfecto o pretérito indefinido?

Underline the correct past tense form: pretérito perfecto ("he hablado") or pretérito indefinido ("hablé"). Keep in mind that the pretérito perfecto always has to have some connection with the present situation of the speaker.

1. *Al final de un día:*
   He estado / Estuve todo el día corriendo de un lado a otro. Cada cosa la tenía que hacer en un sitio diferente.

2. *Al final de un día en el que se supone que llegaba Maribel:*
   ● ¿Sabes si ha llegado / llegó ya Maribel?
   ▲ No, todavía no. Pero me extraña porque ayer ha dicho / dijo que su tren llegaba a las cuatro, y ya son las siete.

3. ● ¿Dónde has estado / estuviste anoche?
   ▲ Pues en la fiesta de cumpleaños de Gabriela, ¿dónde voy a estar?

4. *Final de la carrera de María: julio de 1998. En agosto del mismo año tiene lugar esta conversación:*
   ● ¿Sabes que María ha terminado / terminó su carrera este año? Ya es abogada.
   ▲ Sí, la he visto / vi casualmente ayer y me lo contó.

5. *Final de la carrera de María: julio de 1998.*
   Un año después, en 1999, tiene lugar esta
   conversación:
   ● ¿Sabes si María ha terminado / terminó su
     carrera el año pasado?
   ▲ Sí, ha aprobado / aprobó todo en julio.

6. Esta mañana he comprado / compré los libros
   que me recomendó Rodolfo, el abogado.

7. *El lunes por la mañana:*
   ● ¿Qué tal el fin de semana? ¿Qué habéis
     hecho / hicisteis?
   ▲ Pues no mucho, hemos estado / estuvimos
     tranquilitos en casa, con unos amigos nuestros
     de Oviedo.

8. El otro día he estado / estuve en una obra de
   teatro muy divertida, una comedia de enredo del
   Siglo de Oro español.

9. ● ¡Qué tarde llegas! ¿Por qué has tardado /
     tardaste tanto?
   ▲ Porque el metro se ha estropeado / estropeó y
     he cogido / cogí un taxi.

¿Qué verbo tengo que usar?

A

*Only one of the verbs will fit each of the following
groups of three phrases. The prepositions will provide
important hints.*

> **llevar ◆ traer ◆ colocar ◆ recoger
> coger ◆ enviar**

1. _____
   - un libro de la estantería
   - el pan en la panadería
   - el autobús en la siguiente parada

2. _____
   - un libro en la estantería
   - el azúcar en el armario
   - el peine donde estaba

3. _____
   - un libro a la estantería
   - al niño al colegio
   - la leche al frigorífico

4. _____
   - el pan de la panadería
   - al niño del colegio
   - unos pasteles para el café

5. _____
   - una carta certificada en correos
   - los libros de encima de la mesa
   - a Luis en la estación

6. _____
   - un paquete por correos
   - una carta a tu dirección nueva
   - un ramo de flores a la abuela

B

What is going on in the drawings? Find the verb that goes with each.

2.

_ _ _ _ _ de un árbol

1.

_ _ _ _ _ a un árbol

3.

_ _ _ _ _ _ del árbol

4.

_ _ _ _ _ _ _ una montaña

5.

_ _ _ _ _ _ _ _ en la silla

6.

_ _ _ _ _ _ _ _ _ _ _ _ en la silla

7.

_ _ _ _ _ _ _ _ _ de la silla

8.

_ _ _ _ _ _ _ _ en un sofá

9.

_ _ _ _ _ de pie

10.

_ _ _ _ _ _ _ _ en la pared

WATCH OUT, TRICK QUESTIONS!

Los falsos amigos

Everything here looks easier than it is! The pairs of Spanish and English words have very different meanings. Write the correct translations in the blanks below.

1. brocha
   brush
   _____
   _____

2. capa
   cap
   _____
   _____

3. carpeta
   carpet
   _____
   _____

4. complexión
   complexion
   _____
   _____

5. cultivado
   cultivated
   _____
   _____

6. dato
   date
   _____
   _____

7. embarazada
   embarrassed
   _____
   _____

8. mantel
   mantel
   _____
   _____

9. noticia
   notice
   _____
   _____

10. pipa
    pipe
    _____
    _____

11. retrato
    retreat
    _____
    _____

12. sensible
    sensible
    _____
    _____

13. sopa
    soup
    _____
    _____

14. trampa
    tramp
    _____
    _____

Algunas preposiciones

Fill in the blanks in the following sentences with the appropriate preposition—if one is needed, that is.

a ✦ de ✦ con ✦ por

1. Juan Carlos está muy contento _____ su nuevo trabajo.

2. ● ¿Te acuerdas _____ Luisa?
   ▲ ¿La que sacaba tan buenas notas en clase?
   ● Sí, ella. Pues sigue en paro.

3. Esta mañana me he acordado _____ traerte el libro _____ el nudo que me dejé hecho en la corbata.

4. Ya he empezado _____ estudiar para el examen: son doscientos folios de memoria.

5. ● ¿Ha empezado _____ la película?
   ▲ No, todavía están con los anuncios.

6. Ayer fuimos _____ Madrid porque queríamos ver la Cabalgata.

7. Hace dos días que he llegado _____ las vacaciones y ya necesito otras.

8. ¿Has visto qué ojeras tiene Fernando? Regañó _____ su novia hace una semana, y parece que todavía no lo han arreglado.

9. ¿Te pasa algo? ¿Estás enfadado _____ algo que te he dicho?

10. Puedes dejar _____ la ventana abierta, que en esta calle no hay casi ruido.

11. Deja _____ comer tantos dulces, te van a sentar mal.

12. ¿Estás preocupado _____ algo? No tienes muy buen aspecto.

13. Necesitamos saber si estás _____ nosotros, si nos apoyas.

14. ¿Has contado _____ la ayuda de alguien para terminar tu proyecto? Está muy completo.

15. ¿Has venido sólo _____ traerme el trabajo?

16. Por fin he terminado _____ la traducción. Ya no podía más.

17. Mami, ya he acabado _____ barrer, ¿quieres que te haga algo más?

Visita al médico

A

Teresa does not feel well, and she makes an appointment with the doctor. Fill in the blanks in the two conversations with the words listed here:

> **número ✦ malestar ✦ cucharadas**
> **cartilla ✦ grados ✦ recetar ✦ consulta**
> **efectos ✦ fiebre**

Teresa llama por teléfono al ambulatorio para pedir una cita con su médico:

● Hola, buenos días. Llamaba para pedir

    _____ (1) para la Dra. Grande Cabrera.

▲ Lo siento mucho, pero tendrá que acercarse por

    aquí con la _____ (2).

● ¿Tengo que ir yo? Es que trabajo hasta las seis de

    la tarde.

▲ No, no, puede venir cualquier persona. Lo

    importante es que traiga su cartilla.

● ¿Y no dan número durante la _____ (3)?

▲ Sí, puede cogerlo usted misma cuando venga.

    Hasta las ocho se lo podemos dar.

Teresa, en la consulta, le explica al médico los síntomas que tiene:

● Buenas tardes.

▲ Buenas tardes.

● Mire, he venido porque desde hace cinco días todas las noches me acuesto con _____ (4).

▲ ¿Cuál es la temperatura que tiene?

● Treinta y ocho _____ (5).

▲ ¿Siente mareos o algún otro tipo de _____ (6)?

● No, no. Solamente me sube la fiebre y me encuentro bastante débil.

▲ Bueno, eso es normal, son los _____ (7) de la fiebre. ¿Está acatarrada? ¿Tose?

● No, no, nada. Bueno, se me ha ido el hambre...

▲ Bien, le voy a _____ (8) un jarabe. Tome dos _____ (9) antes de cada comida, y venga por aquí dentro de diez días, si la fiebre continúa.

B

Now try to match the nouns to the verbs they go with.

1. tomar
2. hacer
3. tener
4. pasar
5. tomarse
6. poner
7. operar

una inyección

tos

la tensión

una receta

visita

una aspirina

del corazón

Algo falla: busque el extraño

In each series of words, there is one that does not quite go with the others. Underline the word that does not fit.

1. la gallina ◆ el cerdo ◆ el delfín ◆ el conejo

2. el piso ◆ el apartamento ◆ el bloque ◆ el chalé

3. el plato ◆ la botella ◆ la bandeja ◆ la fuente

4. el jerez ◆ el café con hielo ◆ el zumo de naranja ◆ la tónica

5. el tren ◆ el camión ◆ la ambulancia ◆ el barco

6. el cuaderno ◆ el álbum de fotos ◆ el libro ◆ el bloc

7. la revista del corazón ◆ el listín telefónico ◆ el diccionario ◆ la enciclopedia

8. la bolsa ◆ el bolso ◆ la maleta ◆ el monedero

9. la carretera ◆ el camino ◆ la autopista ◆ la calle

10. el azúcar ◆ la harina ◆ la sal ◆ la pimienta

11. las llaves ◆ la cerradura ◆ la puerta ◆ el timbre

12. la cerilla ◆ el sol ◆ la luz ◆ el fuego

SOMETHING DIFFERENT

Crucigrama geográfico-histórico

Are you interested in Latin American history and geography? Then this crossword puzzle is ideal for you. After all the blanks are filled in, the solution will appear vertically: the name of the country that was named for the leader of the South American liberation movement.

1. Nombre de la capital argentina.

2. Nombre del río más largo de América del Sur.

3. Los habitantes de Lima se llaman…

4. ¿Cómo se llama el movimiento político de Fidel Castro en Cuba?

5. Caracas es la capital de…

6. La población argentina está fundamentalmente compuesta por descendientes de emigrantes que procedían del sur de Europa: españoles e…

7. ¿Cómo se llama el imperio que Pizarro conquistó en Perú?

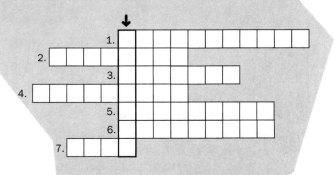

Simón Bolivar es El Libertador de Sudamérica, en honor a él tiene su nombre _____.

Dar instrucciones, consejos . . .

In the following dialogues, the imperative is used not only to give instructions. Pay close attention to the person whom the speakers are addressing, and fill in the blanks with the appropriate form.

1. ● Estoy cansada de tanto estudiar. Me paso todo el día, incluso los fines de semana, con los libros abiertos.
   ▲ Pues, _____ (buscar) un trabajo por horas, así cambias un poco.

2. ● ¿Cuándo tienes la reunión?
   ▲ Mañana.
   ● _____ (recordar): _____ (decir) lo que quieren oír y no _____ (hablar) de lo que no sabes. Es una buena combinación.

3. ● ¿Manuel?
   ▲ ¿Sí, mamá?
   ● _____ (poner) la mesa, ya está la cena casi lista.

4. *La Sra. Martínez a su secretaria, a la que trata de usted:*
   Irene, _____ (llamar) al Sr. Navarro para confirmarle la cita y después _____ (venir). Quiero hablar con Vd.

5. *Una madre a su hijo:*
   No _____ (llegar) tarde a comer.
   Hoy tenemos invitados.

6. *En una clase, un profesor a sus alumnos:*
   Para hacer una buena redacción, primero
   _____ (pensar) en los
   contenidos y, después, _____
   (organizar) vuestral presentación. No _____
   (olvidar) la puntuación y no _____
   (tener) prisa.

7. *Adolfo devuelve a su hermana el dinero que le dejó:*
   _____ (tener). Las quinientas
   pesetas que me prestaste ayer.

8. Como hoy vas a llegar pronto a casa,
   _____ (ir) preparando tú la cena,
   ¿vale? Yo iré en cuanto pueda.

9. *Un grupo numeroso en un congreso a los que
   tratan de ustedes:*
   Sres., Sras., _____ (tomar)
   asiento. _____ (ponerse) cómodos,
   y ahora mismo les atenderemos.

10. *En una ventanilla del banco:*
    _____ (rellenar) este impreso y
    _____ (firmar) al final.

El coche

Name the various parts of the car.

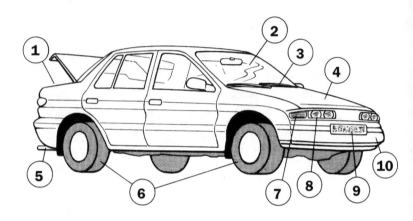

(1) _____
(2) _____
(3) _____
(4) _____
(5) _____
(6) _____
(7) _____
(8) _____
(9) _____
(10) _____

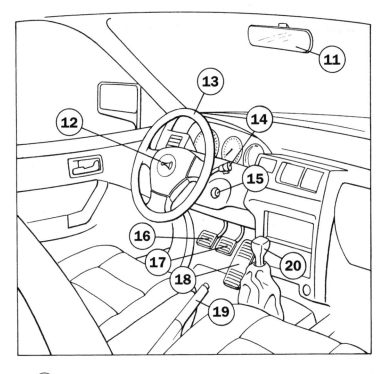

(11) _____

(12) _____

(13) _____

(14) _____

(15) _____

(16) _____

(17) _____

(18) _____

(19) _____

(20) _____

WATCH OUT, TRICK QUESTIONS!

Responda Vd.

One of the four responses to the following questions or statements is incorrect. Mark each wrong answer with an X.

1. *Es un vestido muy bonito.*
   - ☐ a) Sí, ¿verdad?
   - ☐ b) A mí también me gustó mucho cuando lo vi.
   - ☐ c) A mí también me parece precioso.
   - ☐ d) A mí tampoco me gusta.

2. *¿Te gusta el teatro moderno?*
   - ☐ a) Sí, a mí también.
   - ☐ b) Sí, me encanta, sobre todo la puesta en escena.
   - ☐ c) No, no mucho, yo soy más clásica.
   - ☐ d) No, yo prefiero el teatro clásico.

3. *¿Cuánto es?*
   - ☐ a) Ciento veinticinco.
   - ☐ b) En total, cuatrocientas veinte.
   - ☐ c) A doscientas el kilo, son seiscientas treinta.
   - ☐ d) Las diez y diez.

4. *¿Le puedo ayudar en algo?*
   - ☐ a) Sí, quería un jersey de color azul oscuro.
   - ☐ b) Sí, ¿tienen botones dorados muy grandes?
   - ☐ c) Sí, por supuesto, cómo no.
   - ☐ d) Sí, estoy buscando unos zapatos de tacón.

5. *Muchas gracias por ayudarme.*
   - ☐ a) No hay de qué.
   - ☐ b) Hoy por ti, mañana por mí.
   - ☐ c) No lo quería hacer, me he confundido.
   - ☐ d) No importa.

6. *¿A cuántos estamos?*
   - ☐ a) A seis de enero.
   - ☐ b) A seis.
   - ☐ c) A enero.
   - ☐ d) A seis de enero de 1999.

7. *No me gusta nada la química.*
   - ☐ a) A mí tampoco.
   - ☐ b) A mí también.
   - ☐ c) ¿Por qué no? A mí no me parece que esté tan mal.
   - ☐ d) Pues a mí sí que me gusta.

8. *¿Sabes jugar al parchís?*
   - ☐ a) ¿Qué es eso?
   - ☐ b) Sí, yo también.
   - ☐ c) Sí, me encanta.
   - ☐ d) No, nunca me ha llamado la atención.

9. *Hola, buenas tardes, ¿se puede?*
   - ☐ a) Sí, por favor, adelante.
   - ☐ b) Pase, pase.
   - ☐ c) No, no le puedo ayudar.
   - ☐ d) No, no, un momento.

10. *Adiós.*
    - ☐ a) Adiós, hasta luego.
    - ☐ b) Hasta pronto.
    - ☐ c) Ya es tarde.
    - ☐ d) Adiós, nos vemos.

Horarios del tren

Take a close look at this excerpt from the Madrid–Cerbère (at the French border) train schedule, and answer the following questions.

1. ¿Con qué inicial se escriben los días martes y miércoles? _____

2. ¿Qué tren tengo que coger para estar un domingo sobre las 10 de la mañana en Zaragoza?

   _____

3. ¿Cuántos trenes hay directos desde Madrid a Barcelona en los que pueda viajar con cama?

   _____

4. El 5 de febrero, miércoles, quiere coger un tren desde Barcelona a la frontera, pero Vd. estará ocupado hasta las 6 de la tarde. ¿Qué tren es el primero que podría coger? _____

5. ¿Y si lo tiene que coger el 21 de marzo a partir de las 7 de la tarde? (Barcelona – Cerbère)

   _____

6. Si quiere llevar su coche consigo en el trayecto Madrid – Barcelona, ¿cuántos trenes le ofrecen este servicio? _____

7. Si quiere desplazarse el 27 de marzo, jueves, desde Zaragoza a Tarragona, ¿qué opciones tiene?

_____

8. ¿Entre cuántos horarios puede elegir para hacer un trayecto sin transbordos Madrid – Barcelona?

_____

9. ¿Cuántos kilómetros hay desde Madrid a Barcelona?

_____

TREN	IC 172	IC 178	TALGO 374	DIURNO 471	DIURNO 544	DIURNO 570	IC 104	IC 170	ESTRELLA 370	ESTRELLA 1370	TRENHOTEL 874	TRENHOTEL 944
PRESTACIONES	1.ª-2.ª	1.ª-2.ª	2.ª	2.ª	1.ª-2.ª	1.ª-2.ª	1.ª-2.ª	1.ª-2.ª	2.ª	2.ª	2.ª	1.ª
PROCEDENCIA					CÁCERES 7.50 PLASENCIA 7.56							SEVILLA 21.15 MÁLAGA 19.40
Madrid-Puerta de Atocha												1.00
Madrid-Atocha Cercanías												
Madrid-Chamartín	7.00	11.00			12.00	15.00	17.00	20.00	22.00	23.00	23.00	
Alcalá de Henares									22.24	23.33	23.33	
Guadalajara	7.34	11.31			12.34	15.34	17.32	20.33	22.41	23.50	23.50	
Guadalajara	7.34	11.32			12.35	15.35	17.32	20.33	22.42	23.51	23.51	
Sigüenza					13.24	16.25			23.37			
Calatayud	9.10	13.08			14.31	17.27	19.10	22.11	0.43	1.36	1.36	
Zaragoza-El Portillo	10.00	14.00			15.27	18.23	20.09	23.03	1.46	2.40	2.40	4.26
Ascó					17.31							
Mora la Nova	12.05				17.43				4.01			
Reus	12.47				18.29				4.39			
Tarragona	12.58				18.40				4.54			
Tarragona	13.00				18.42				5.04			
San Vicenç de Calders	13.24				19.06				5.58			
Barcelona-Sants	14.17	18.04	20.00		20.04				7.00			
Barcelona-Passeig de Gràcia	14.22	18.09	20.06		20.09							
Barcelona-Estació de França	14.31				20.18							
Barcelona-Sants										7.10	8.10	
Granollers Centre										7.37	8.40	
Girona			19.19	21.29						8.29	9.40	
Girona			19.20	21.30						8.34	9.45	
Flaçà				21.43						8.48	9.59	
Figueres			19.49	22.02						9.08	10.17	
Llançà			20.05	22.18						9.26	10.34	
Portbou			20.15	22.27						9.40	10.50	
Cerbère			20.20	22.32						9.45	10.55	
DESTINO												
OBSERVACIONES	LMXJVS	(1)(2)	(3)	(4)	(5)	MXJVD (6)	(7)	LMXJVD (8)	VSD (9)	LMXJ (10)	LMXJVD (6)	

(1) Circula LMXJVS entre Madrid-Zaragoza.
(2) Circula diario entre Zaragoza-Barcelona.
(3) Circula diario hasta Barcelona-Sants. Continúa a Cerbère del 20-3 al 13-4-97.
(4) No circula del 7-1 al 20-3-97.
(5) Circula diario del 21-3 al 2-4-97.
(6) Circula el día 23-3-97.
(7) No circula el día 29-3-97.
(8) No circula los días 27 y 28-3-97.
(9) Circula diario hasta el 6-1-97.
(10) No circula hasta el 6-1-97.

¿Cuándo?

Only one of the two translations for the English sentence is correct. Which one is it? Pay close attention to the time expressions and the verb forms that go with each.

1. *We went to the movies yesterday.*
   - ☐ a) Ayer fuimos al cine.
   - ☐ b) Ayer hemos ido al cine.

2. *We were on vacation last week.*
   - ☐ a) Semana pasada hemos estado de vacaciones.
   - ☐ b) La semana pasada estuvimos de vacaciones.

3. *After he had showered, he dressed and left the house without turning off the water faucet.*
   - ☐ a) Después de haberse duchado, se vistió y salió de casa sin cerrar el grifo.
   - ☐ b) Después se duchó, se vistió y salió de casa sin cerrar el grifo.

4. *At Christmas we always go to my grandparents' village.*
   - ☐ a) Para Navidad siempre viajamos al pueblo de mis abuelos.
   - ☐ b) En Navidad siempre vamos al pueblo de mis abuelos.

5. *Spaniards normally go on vacation in August.*
   - ☐ a) Los españoles prefieren las vacaciones generalmente en agosto.
   - ☐ b) Los españoles prefieren las vacaciones generalmente durante agosto.

6. *We rode our bikes yesterday evening.*
   - ☐ a) Ayer por la tarde hemos montado en bicicleta.
   - ☐ b) Ayer por la tarde montamos en bicicleta.

7. *I'm at home in the mornings, and in the afternoons I work in an office.*
   - ☐ a) Por las mañanas estoy en casa y por las tardes trabajo en una oficina.
   - ☐ b) Las mañanas estoy en casa y las tardes trabajo en una oficina.

No hay que ser cómodos

Replace "ser" and "estar" with the appropriate verbs from the box, and use the correct tense and ending. Pay close attention to the prepositions and the pronoun "se," which changes its position in the sentence.

suceder   pertenecer a   celebrarse
ponerse   encontrarse   encontrarse
portarse   nacer en   proceder   saber

1. La conferencia **será** en la sala 2 del tercer piso.

   _____

2. María ya **está** algo mejor, por lo menos se le ha ido la fiebre.

   _____

3. ● Este queso tiene buen aspecto. ¿De dónde es?
   ▲ **Es** de la Mancha. Es buenísimo. Se lo aseguro.

   _____

4. Estas lentejas **están** riquísimas. El chorizo de Salamanca que trajiste le da muy buen gusto.

   _____

5. Esta pluma **fue** de mi abuelo, me la regaló cuando le dijeron que le tenían que operar.

_____

6. ● ¿En qué parte de España **está** el Teide?
   ▲ En Canarias, y es el pico más alto de España.

_____

7. ● Mi hijo es muy travieso, casi no puedo con él. ¿Qué tal **es** el tuyo?
   ▲ Pues como todos los niños, igual.

_____

8. Rosa **es** de La Coruña, pero se crió en Burgos. A su padre le destinaron allí cuando ella tenía dos añitos.

_____

9. Cuando llega la primavera el jardín **está** precioso: todo verde, floreciente...

_____

10. Este fin de semana todo ha salido al revés. No sé por qué **ha sido** así. Todo estaba perfectamente preparado.

_____

Answers

1

1. h), i)
2. i)
3. f)
4. j)
5. a), b), c), d), e)

6. d), e)
7. g)
8. a), e)
9. k)
10. d), e), k), l)

We say *enhorabuena* to someone whose wish has been fulfilled—someone who, for example, has scored a special success such as passing an examination or is celebrating an important event such as the birth of a child.

2

A

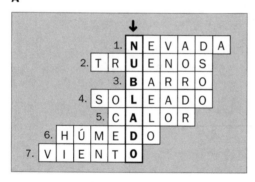

1. **nevada**—*snow-covered*
2. **truenos**—*thunder*
3. **barro**—*mud*
4. **soleado**—*sunny*
5. **calor**—*heat, warmth;* **hace calor**—*it is warm/hot*
6. **húmedo**—*humid, damp*
7. **viento**—*wind;* **aire** would also be correct.

Solution: Hoy ha amanecido **NUBLADO**.

B

1. **primaveral**
2. **estival**
3. **otoñal**
4. **invernal**

Northern Spain is characterized by frequent rainfall, which keeps the meadows and fields green at all times. In central Spain, however, the climate is continental; that is, the winters are cold and dry, which makes the summers all the hotter. There is no true fall or spring in this part of the country. The farther south one goes, the higher the temperatures rise: The winters are milder and the summers hotter. Rain is even more infrequent. Along the Mediterranean coast, a Mediterranean climate prevails, with moderate temperatures in both summer and winter.

The various climate zones usually determine the Spaniards' travel plans as well. Fleeing the summer heat, inhabitants of Madrid and central Spain tend to go to the Mediterranean coast and the northern part of the country. In winter and at Easter, for example, the south—Andalusia, that is—is a popular destination. In summer, however, the heat there frequently is tolerable only in cool inner courtyards and parks. Because of the heat, most Spaniards take their vacation in August. In July, businesses start the so-called *jornadas intensivas* (roughly: *continuous working hours*); that is, working hours are changed and businesses are open from 7 A.M. until about 3 P.M., without a break.

3

The answers that are **not** possible are the following:

1. **a)**
2. **d)** *No tiene importancia* means approximately *that has no significance; no me importa,* however, means *I don't care, it makes no difference to me.*
3. **b)** The answer would be correct with this change: *a las siete **y** treinta.*
4. **c)**

5. **d)** Answer c) would be given by a person who does not work in the company or agency.
6. **d)** For more information, see the TIP below.
7. **a)** If you are declining an invitation, it is customary to give the reason for your refusal—without going into further detail, however. An explanation in general terms—"lack of time" or "other plans"—is sufficient.
8. **d)**
9. **c)** If someone compliments you on your attractive appearance, you should respond with restraint and without directly accepting the compliment.

As a greeting, people usually say *Hola, ¿qué tal?; Hola, ¿cómo estás/estáis?;* or *Hola, ¿qué hay?* But be careful! Don't take these questions too literally. Your partner in conversation is not really interested in the state of your health; he or she is merely employing a fixed expression of greeting. The response, too, is more or less fixed: *Bien, ¿y tú/vosotros?* or, more colloquially: *Bien, vamos tirando.*

If you use the polite pronoun to address the other person, your conversation would go this way:

- ● Hola, buenos días.
- ▲ Hola, buenos días.
- ● ¿Cómo está?
- ▲ Bien, gracias, ¿y usted?

4
A
1. **las ciudades.** The plural form **-es** is attached to nouns that end in a consonant.
2. **los sofás.** Words that end in **-á, -é, -ó,** or an unstressed vowel form their plural by adding **-s.**
3. **los cafés**
4. **los cumpleaños.** Compound words whose second element already is plural do not change: *El cumpleaños de Fernando es en abril. María y Josefa celebran sus cumpleaños a la vez.*
5. **los peces.** The ending **-z** becomes **-ces** in the plural.
6. **los amores**
7. **los paraguas**

8. **los camiones.** Words written with an accent mark on the last syllable in the singular lose the mark in the plural.
9. **los viernes.** Words that end in an unstressed vowel + **-s** do not change.
10. **los árboles**
11. **las leyes**
12. **los meses**
13. **las crisis**
14. **las telarañas.** In compound words, only the last element changes.
15. **los coches cama.** In compound words that are written separately, only the first element takes a plural ending.
16. **las narices**
17. **los caracteres.** Note that the accent mark is omitted. That changes the stress.
18. **los sacacorchos**
19. **los esquís or esquíes.** Words that end in **-í** or **-ú** form the plural with **-es** or **-s** (which is becoming increasingly common): *maniquís—maniquíes, tabús—tabúes*
20. **los hombres rana**

B
1. **la madre y el padre**
2. **la hermana y el hermano**
3. **la tía y el tío**
4. **la madrina** *(godmother)* **y el padrino** *(godfather)*
5. **la nuera** *(daughter-in-law)* **y el yerno** *(son-in-law)*
6. **la reina y el rey**
7. **el señor Asensio y la señora Asensio**

Certain words generally are used only in the plural:

- ¡Quítate ahora mismo **las gafas**!—*Take your glasses off at once.*
- ¿Dónde has puesto **las tijeras**?—*Where did you put the scissors?*
- He visto **unos pantalones** preciosos.—*I saw some cute pants.*
  The singular—*pantalón*—is also used, however.

If a plural form is concealed behind an abbreviation, that fact will be obvious from the doubling of the initials:
EE.UU. (Estados Unidos), CC.OO. (Comisiones Obreras).

5

A	**B**
1. i)	1. a)
2. h)	2. b)
3. c)	3. b)
4. g)	4. b)
5. e)	5. a)
6. b)	
7. d)	
8. a)	
9. f)	

TIP

In Spanish-speaking countries, it is not customary to give the time in digital form. That is, people are likelier to say *las ocho menos diez* than *las siete cincuenta*. Normally the cardinal numbers 1 to 12 are used to state the time, with the following phrases added to specify the time of day more precisely:

- *de la mañana* (for the time between 1 and 5 A.M., you can also say *de la madrugada*): *a las 3 de la mañana/de la madrugada,*
- *del mediodía* (from 1 to 2 P.M.): *a la 1 del mediodía,*
- *de la tarde* (from 2 P.M. on): *a las 3 de la tarde,*
- *de la noche* (from about 8 P.M. on): *a las 10 de la noche.*

Every culture, every nation has its own rhythm of the day and divides its time in a certain way. In Spain, shops and businesses generally are open from 9 A.M. to 2 P.M. and from 5 P.M. to 8:30 P.M. Public institutions, however, are open only in the morning. The midday meal is eaten between 2 and 4 P.M., while the evening meal is eaten between 9:30 and midnight.

By the way: The expression *alrededor de las X* has exactly the same meaning as *sobre las X* and *a eso de las X: at about X o'clock, around X o'clock.*

6

1. **a)** Christopher Columbus was born in Genoa in 1451. After several European royal houses had rejected his proposals for a sea voyage to India via the western route, Queen Isabella I of Castile and King Ferdinand II of Aragon signed an agreement on April 17, 1492, pledging to finance his journey.

2. **c)** The leader of the Latin American independence movement was born in Caracas (Venezuela) on July 24, 1783.

3. **c)**

4. **b)** Francisco Franco died in November, 1975. He himself had designated Juan Carlos I as his successor and thus ensured the reinstatement of the monarchy. The king named Adolfo Suárez to serve as prime minister until the first democratic elections could be held on June 15, 1977.

5. **a)** In 1898 Spain lost Puerto Rico, Cuba, the Philippines, and Guam to the United States. This event is known in Spain as *el Desastre del 98*. Numerous intellectuals viewed this upheaval as a new beginning for the arts and intellectual life in Spain and formed a group called the "generation of 1898." It included such writers as Antonio Machado, Pío Baroja, and Miguel de Unamuno.

6. **a)** This holiday is celebrated not only in honor of the discovery of America; it also is intended to promote feelings of solidarity among all Spanish-speaking peoples in light of their common culture.

7. **a)**

8. **a)** In 1900, Guantánamo Naval Base was awarded to the United States "in perpetuity" by the Platt Amendment.

9. **b)** The international brigades that fought in support of the republican cause from 1936 to 1939 were military units composed at first of volunteers from various countries, later of Spaniards as well.

➜ For additional information on area studies, see Quick-Checks 10, 23, and 44.

111

7

8 – 1 – 4 – 3 – 7 – 5 – 2 – 6

If you are ever in the situation of having to ask someone for directions, it is best to get his or her attention by saying *perdone*. For a younger person whom you want to address with the familiar pronoun, use *perdona*. Then you could ask, for example:

- Perdone, ¿para ir al ayuntamiento?
- Perdone, ¿dónde hay una oficina de correos?
- Perdone, ¿para coger la salida a Calatrava?

You may get one of the following responses:

tiene que cruzar una gran avenida	you need to cross a wide avenue
pasará por un puente	you will go over a bridge
si va andando, puede atravesar el parque	if you walk, you can go through the park
luego, enfrente del paso de cebra, encontrara	then, across from the zebra (pedestrian) crossing, you'll see . . .
todo recto hasta la gasolinera	straight ahead until you get to the gas station

By the way: The verbs *torcer* and *girar* both mean *to turn* in this context.

8

1. **la coma**—*comma;* **el coma**—*coma,* estar en **coma**—*to be in a coma*
2. **la rosa**—*rose;* **el rosa**—the color *pink* or *rose*
3. **la muñeca**—*doll; wrist*
4. **el sello**—*postage stamp; stamp* (characterizing mark or impression)
5. **el sentido**—*sense, meaning;* perder el **sentido**—*to lose consciousness, to faint*
6. **devolver**—*to return, to give back; to vomit*
7. **enseñar**—*to teach; to show, to point out*
8. **justo**—*just; tight*

9. **la carta**—*letter; menu*
10. **la bolsa**—*bag, purse; stock exchange, stock market*
11. **el timbre**—*doorbell; timbre*
12. **la acción**—*action; share, stock certificate*

TIP

The antonym of *justo* in the sense of *estrecho* is *ancho*—*wide, loose-fitting*. If you try on something in a store *(probarse ropa)* and the measurements are right, you are likely to hear: *Le queda bien.*—*It fits (you) well.* If you have chosen "your" color or a cut that shows off your figure, you'll hear this comment: *Le sienta bien.*—*It suits you; it looks good on you.*

You can't get far without money . . . The following expressions will come in handy time and again:

sacar dinero de una cuenta	to withdraw money from an account
cambiar moneda/divisas	to change money
pagar en efectivo/en metálico	to pay (in) cash
pagar con tarjeta	pay with a credit card
anular una tarjeta de crédito	to cancel a credit card

→ For more on Question 3, see QuickCheck 11.

9

1. **el** (= nuestro niño)—**un**
2. **una—ø**. *Ser un fresco*—*to be fresh or impudent; ser un listo*—*to be a clever fellow.* These expressions are used with the indefinite article.
3. **ø**. If you want to classify something, omit the article. If, however, additional information about the noun follows, so that it no longer is "abstract," an article is required: *Juan es **un** profesor de español **estupendo**.*
4. **una—una—la—la—al** (= a + el)
5. **un—el**

6. **ø—ø.** In all other cases, an article has to be used with days of the week. For example: *el miércoles que viene—next Wednesday;* **un** *viernes de éstos—on one of the coming Fridays.*

7. **ø**

8. **al—ø**

9. **ø—unas—las**

10. **ø—ø.** Proper nouns are used without the article. Exceptions to this rule are rivers, seas, lakes, and mountains: *El Tajo es el río más largo de España.* Some country names can be used either with or without an article: *el Brasil, los Estados Unidos.*

11. **ø—la—ø**

12. **el—ø—el—ø.** In the direct form of address, no article can be used with *señor, señora,* and *señorita.* In all other cases, however, the article is required.

Luckily, articles are handled much as they are in English: Generally, the indefinite article *(un, una, unos, unas)* is used whenever a new element is introduced into the conversation; the definite article *(el, la, los, las)* is used whenever reference is made to something already familiar to the speakers or previously mentioned:

● Perdone, ¿sabe si hay **un** estanco por aquí?

▲ **El** estanco más cercano está bajando dos calles a la izquierda.

Here are a few more rules of thumb for <u>omitting</u> the article:

- with proper nouns: *Juan y María no han llegado todavía.*
- with names of cities and towns, continents, countries, and regions: *¿Has conocido Córdoba?*
- with days of the week and months: *Hoy es lunes, catorce de junio.*
- with verbs such as *hablar, leer, saber, estudiar . . .: Luis habla muy bien inglés. Estudió derecho en la Universidad de Oviedo.*

10

1. **True.** In Spain, it was formerly customary for children to be given the name of the saint on whose feast day they were born. Now, however, names of other origins (American and English names, names from television series, names from the Bible, etc.) are chosen as given names as well.

2. **True.** French novelist Prosper Mérimée wrote the novella *Carmen*, which served his countryman Bizet as a model for the opera of the same name. In this way the prototype of the Spanish woman spread throughout Spain's folklore.

3. **False.** In Spain, Christmas gifts usually are presented on January 6th (Epiphany). According to tradition, the Three Wise Men bring their gifts on the evening of January 5th, so that the children can enjoy their presents from the *reyes* the following morning.

4. **True.** In the Middle Ages the three religions coexisted peacefully in Spain and left behind a rich artistic and cultural heritage.

5. **True.** For this reason it is sometimes necessary to add the name of the country: *Córdoba de Argentina*, *Guadalajara de México*, *Santiago de Chile*, *Cartagena de Indias* (in Colombia), *San Sebastián de Puerto Rico*, and so forth.

6. **False.** With the establishment of the *Fundación Colección Thyssen-Bornemisza* in Madrid, the so-called *Triángulo Pictórico de Madrid* was created. It also includes the *Prado* and the Museum of Contemporary Art *(Museo de Arte Contemporáneo Reina Sofía)*.

7. **True.**

8. **False.** Puerto Rico became independent of the United States in 1898, and the Puerto Ricans have undergone continual linguistic about-faces ever since: In 1903 it was decided that the country would have two official languages, with English the language taught in the schools; in 1991 the *Partido Popular Democrático* declared Spanish the official language; when the *Partido Nuevo Progresista* came to power in 1992, another reversal reestablished the situation of 1903.

9. **True.** The academies, now numbering 23, are banded together in an association. Its newest member is the *Academia Norteamericana de la Lengua Española*, founded in 1985.

10. **True.** Spanish is the official language of Spain, Cuba, the Dominican Republic, Puerto Rico, Mexico, Guatemala, El Salvador, Honduras, Nicaragua, Costa Rica, Panama, Venezuela, Colombia, Ecuador, Peru, Bolivia, Chile, Paraguay, Argentina, Uruguay, the Philippines, and Equatorial Guinea.

11. **True.**

12. **False.** Alpine sports (skiing, mountain climbing, and so forth) are also possible in the Andes (highest peak, 6,768 m).

13. False. Because of American influence, gifts are brought on Christmas Day (December 25th), depending on the country, by *Santa Claus, Papá Noel*, or *El Viejo Pascuero*. In Chile, for example, Epiphany, or Twelfth Night (January 6th) is not celebrated at all; in Mexico, families come together to eat a cake with a little figure baked inside it: Whoever finds the figure in his or her piece has to invite all the others to dinner on February 2nd, *el Día de la Candelaria* (Candlemas).

➔ For additional information on area studies—history, geography, and customs—see QuickChecks 6, 23, and 44.

11

1. **los dedos**—*fingers, toes*
2. **la nariz**—*nose*
3. **el pelo**—*hair,* **las uñas**—*fingernails and toenails*
4. **el ombligo**—*navel*
5. **los brazos**—*arms,* **las piernas**—*legs*
6. **las muñecas**—*wrists,* **los tobillos**—*ankles*
7. **los codos**—*elbows,* **las rodillas**—*knees*
8. **el pecho** o **el torax**—*chest*
9. **las cejas**—*eyebrows*
10. **las pestañas**—*eyelashes*
11. **la palma de la mano**—*palm (of the hand)*
12. **la planta del pie**—*sole (of the foot)*
13. **el oído**—*hearing,* **la oreja**—*ear*

If you are in pain, use these expressions:

- *Me duele la cabeza/el estómago.*—My head/stomach hurts or I have a headache/stomachache. Unlike English, Spanish does <u>not</u> use a possessive pronoun (*my, your,* etc.) to refer to the body part that hurts.

- *Tengo un dolor de cabeza/de estómago horrible.* If you don't want to describe the pain but merely want to say what hurts, omit the article: *Tengo dolor de cabeza/estómago.*

12

1. **Documento Nacional de Identidad.** *Identification card.*
2. **Estados Unidos.** *United States (of America).* Once in a while you will also see the abbreviation *USA*.
3. **Radio Nacional de España.**
4. **Impuesto sobre el Valor Añadido.** *Value added tax (VAT).*
5. **Fútbol Club.**
6. **Sociedad (de Responsabilidad) Limitada.** *Limited liability company.*
7. **Unión General de Trabajadores.** Labor union of the socialist type, established in Barcelona in 1888. Its adherents introduced May 1 as Labor Day in Spain.
8. **Comisiones Obreras.** Union with close ties to the Communist Party. The "workers' commissions" were founded in 1958 by miners in Asturias as illegal bodies representing their interests. The mine workers opposed the government's compulsory unions. Not only Communist forces, but anti-Franco and democratic forces as well united in the struggle against the Franco regime. Today the *CC.OO.* is the largest federation of unions in Spain.
9. **Real Automóvil Club de España.** Spanish automobile club, comparable to the American *AAA*.
10. **Red Nacional de los Ferrocarriles Españoles.** Spanish national railroad system.
11. **Real Academia Española (de la Lengua).** *Royal Spanish Academy of Language.* It makes recommendations for the use of the Spanish language.
12. **Sociedad Anónima.** *Stock company, corporation.*
13. **Televisión Española.**
14. **Universidad Nacional de Educación a Distancia.** *University with instruction by correspondence.*
15. **Número de Identificación Fiscal.** *Taxpayer's identification number.*

B
1. **p. ej.** *for example.*
2. **etc.**
3. **e.d.** *that is to say.*
4. **pts.** The abbreviation *ptas.* is also used to refer to the Spanish national currency.

5. **pg.** or **pág.** An -**s** is added in the plural: *pgs.* or *págs.*
6. **izq.**
7. **dcha.**
8. **Ud.** or **Vd.** *Ustedes* is abbreviated as *Uds.* or *Vds.*
9. **Sr.**
10. **Sra.** Used exclusively for married women. Unmarried women are addressed as señorita, abbreviated as *Srta.*

Señor is used with the family name, as in *el Sr. Huerta.* Another form of address is *Don*, abbreviated as *D.*, which is used with the Christian name or with the Christian name + the family name: *D. José* or *D. José Huerta.* The feminine form is *Dª (Doña).*

13

1. **será**
2. **es**
3. **está.** *Estar (de)* refers to a temporary activity; that is, the brother does not always work as a waiter.
4. **es.** *Ser* is used when stating a person's profession, position, etc.
5. **está**
6. **Fue—estaba**
7. **está—es**
8. **está—ha estado—estaba**
9. **Estás—estoy**
10. **ha estado.** *Bien* and *mal* are used with *estar.*
11. **fue—estuvo**
12. **estaba—era**
13. **era**
14. **Estuve**

Ser is used:
• to indicate identity and in definitions:
  *El señor del bigote **es** Juan.*
  *Las patas **son** las extremidades de los animales.*
• to indicate origin and nationality:
  *Guillermo **es** colombiano.*

- to place an event in space and time:
  *La reunión **es** en la sala tres del primer piso.*
  *La fiesta **es** a las 8 de la noche.*
- to indicate someone's profession:
  *Alberto **es** ingeniero de telecomunicaciones.*
- to give a neutral description of persons and their essential attributes:
  *Luis **es** un muchacho alto y moreno. **Es** muy agradable y divertido.*
- to give an objective description of permanent conditions:
  *Esta casa **es** muy antigua.*
- with adjectives like *importante, inteligente, necesario* . . .
- in passive constructions:
  *Los hechos **fueron** negados por el acusado principal.*

Estar is used:
- to describe temporary conditions:
  *Esta casa **está** para tirarla y hacerla nueva otra vez.*
- to give a subjective description of a person's temporary conditions:
  *Luis **está** hoy demasiado serio. Con lo agradable y divertido que es.*
- to state a specific location:
  *El restaurante "Aldonza" **está** dos calles más abajo.*
  *¿Dónde **está** la oficina de turismo?*
  Careful: *Ser* is used to give the location of an event (see above)!
- with adjectives like *contento, enfadado, cansado, roto* . . .
- in the locution *estar* + a gerund:
  *Isabel **estuvo** estudiando hasta las cuatro de la mañana.*
- with a participle, to indicate the result of an action:
  *La cena ya **está** hecha.*

Some expressions change their meaning, depending on whether they are used with *ser* or *estar*:
— ser bueno—*to be a good person*
  <u>but:</u> estar bueno—*to be healthy, to look good*
— ser un perdido—*to be a good-for-nothing*
  <u>but:</u> estar perdido—*to be lost, to have lost one's way*

14

1.	la sombrilla	a)	el río
2.	la arena	b)	el lago
3.	la roca	c)	el pino
4.	la toalla	d)	el pantano
5.	las gafas de sol	e)	el camino
6.	el bañador, also	f)	la tienda de campaña
	bathing suit.	g)	las botas
7.	el bikini	h)	la bicicleta
8.	la barca	i)	las raquetas
9.	la pelota	j)	la mochila
10.	el puerto	k)	las piedras
11.	el mar		

Montaña, the most general term of the semantic field "mountains," means *mountain* or *mountain(ous) country*. The tallest and most pointed peaks are *los picos*, and an entire *mountain range* is *la sierra* or *la cordillera. Las Cordilleras* with a capital C, however, are found only in South America: They are the *Andes.*

15

1. **a)** and **c)** The answer *9-9-97* would also be correct. In Latin America you will also come across this way of giving the date: *Bogotá a 30 de* (month) *de* (year).
2. **b)** The salutation is always followed by a colon, never by a comma.
3. **a)**
4. **c)**
5. **c)** The rule is that *poder* is used with the infinitive, without a preposition.
6. **a)**
7. **b)** The signature follows the closing and is placed on the right or in the center of the sheet of letter paper. Only in business letters or other formal correspondence is it necessary to sign both your Christian name and family name.

Don't confuse *la tarjeta, la postal,* and *la carta*. The term *tarjeta* is used for cards that generally are made of sturdier paper and mailed in an envelope, such as invitations, congratulatory or greeting cards, and *visiting/calling cards (tarjeta de visita). La postal* is a *postcard; la carta* is a *letter.*

16

1. **vaca** *(cow); baca—luggage rack (on top of the car)*
   pollo *(chicken); poyo—stone bench*
2. **haya** *(subjunctive of the auxiliary verb haber); halla: hallar—to find*
3. **valla** *(fence); baya—berry; vaya—subjunctive of ir—to go*
4. **A ver** *(let's see); haber (auxiliary verb)*
5. **callado** *(quiet, silent); cayado—walking stick, crook*
6. **Ay** *(ouch!; alas!); hay—there is/there are; ahí—there*
7. **hoyo** *(hole, pit); oyó: oír—to hear*
8. **hecho** *(event); echo: echar—to throw*
9. **hierba** *(grass, lawn); hierva: hervir—to boil, to seethe*

In Spanish, there are words that sound the same but are spelled differently. The letters "v" and "b" are pronounced the same, as are "ll" and "y." You also need to know whether a word is spelled with or without an "h." Since these words have different meanings, when you hear them you have to rely on the context to tell you which word is meant.

17

1. **transcurrió**
2. **nos pasábamos**
3. **Corríamos**
4. **subíamos**
5. **robábamos**
6. **pasó**
7. **volvimos**
8. **fue.** Remember that one-syllable words normally are not written with an accent mark, unless two words are identical in form but have different meanings, as here: ***de*** *(preposition)* and ***dé*** *(subjunctive of dar),* ***te*** *(you, to or for you)* and ***té*** *(tea).*

9. **teníamos**
10. **pude**
11. **se divertía**
12. **Empezamos**
13. **llegaba**
14. **mirábamos**
15. **descubríamos**
16. **nos fuimos**
17. **se terminó**
18. **regresamos**
19. **tenían**
20. **fui**

In English, these two tenses generally are rendered with the imperfect or past. In Spanish, however, a clear distinction has to be made:

- *pretérito indefinido* ("empezó"): for actions and events that took place in the past at a certain time and are considered to have been completed.
- *pretérito imperfecto* ("empezaba"): used to describe a state or condition in the past, as well as a continuing action that is interrupted by another action.

These two tenses are used when discussing past actions or states that bear <u>no</u> reference to the present.

However, there are cases in which the speaker decides to speak only in the *imperfecto* or in the *indefinido*:

1. En veranos **íbamos** siempre al pueblo, y allí nos **levantábamos** tarde, **comíamos**, **bebíamos**, a todas las horas del día, **paseábamos**, nos **bañábamos**, etc. **Hacíamos** lo que **queríamos** en cada momento.

Here the *imperfecto* is chosen in order to speak about regularly repeated actions in the past. The speaker wants not only to convey information about the events, but also to paint a picture of a certain period in his or her past.

2. Ayer me **fui** al pueblo, me **levanté** muy temprano, **desayuné** y **cogí** el primer tren. Me **pasé** todo el día de aquí para allá.

Here the speaker merely wishes to provide information about his or her activities.

→   For more on verb tense, see QuickCheck 38.

18

1. a) **desagradable** *(disagreeable, unpleasant)*—**aburrida** *(boring, tiresome)*—**introvertida** *(introverted)*. The prefix *des-* always negates the word to which it is attached.
   b) **baja** *(short)*—**gorda** *(fat)*—**fea** *(ugly)*
2. **salada** *(salty, salted)*. The adjective *soso—dull, tasteless*—is also used in the sense of *dull, boring* to apply to persons: *Javi es un poco soso, no le gustan las fiestas, nunca quiere salir cuando viene alguien nuevo. . . .*
3. **viejos** *(old)*
4. **sucio** *(dirty)*
5. **oscuro** *(dark, gloomy)*. The antonym of *claro* is *oscuro*, but in this context **gris**—*gray, gloomy, dull*—would fit as well.
6. **lento** *(slow)*
7. a) **moreno** *(dark[-haired])*; b) **largo** *(long)*
8. a) **pesimista** *(pessimist)*; b) **vacío** *(empty)*
9. **abierto** *(open)*
10. **mayor** *(oldest)*. Also possible, though less frequently used, is **grande**. For the *youngest* child, *pequeño* is most commonly used, but *el menor* is also possible.

If a person's negative characteristics are under discussion, usually the speaker chooses elements or turns of phrase that soften the meaning of the words. To express that someone is ugly (feo), the speaker would say, for example:

- Es un poco feo.
- No es muy guapo.

Or if you want to say that someone is fat (gordo), it is preferable to use the diminutive form or other expressions:

- Es más bien gordita.
- Está fuerte.

→ For information about prefixes, see QuickCheck 34.

19

1. **establecer**—*to establish, to decree*
2. **denominación**—*name, designation*
3. **dialecto**
4. **descienden**, the infinitive is **descender**—*to descend (from)*
5. **genérico/-a**—*generic, common*
6. **insular**
7. **contacto**
8. **englobados/-as,** *encerrar* and *contener* are not always synonymous with **englobar**—*to enclose, to embody;* it always depends on the context.
9. **continental**

The division of Spanish into the two large dialect groups mentioned is based on historical circumstances. The first Spaniards to set foot on American soil came from southern Spain, more precisely, from Andalusia and the Canary Islands. These sailors and subsequent colonizers settled in the American coastal regions and the Caribbean, and this variety of Spanish *(andaluz)* evolved there. Only later did colonizers native to other parts of Spain make their way farther inland, into the heartland of Latin America, and spread their dialect *(continental)* there.

→ For further information on the dialects of Spanish, see QuickCheck 28.

20

1—15—5—7—11—3—13—17—9—14—10—2—4—12 —8—16—6

In general, you can choose among a *single room (la habitación individual)*, a *double room (la habitación doble)* with a *standard double bed (con cama de matrimonio)*, and a double room with *two single beds (con dos camas)*. If you need a third bed—for a child, for example—then ask for *una cama supletoria.*

Media pensión (half pension) includes *el desayuno (breakfast)* and either *la comida (the midday meal)* or *la cena (the evening meal)*. With *pensión completa (full pension),* all three meals are included.

21
A
1. **el sello**
2. **el destinatario**
3. **la dirección** or **el domicilio**
4. **el código postal**
5. **la población**
6. **la provincia**
7. **el remitente**
8. **el portal**
9. **la planta** or **el piso**
10. **la letra** or **el número**

B
1. la **calle**
2. la **plaza**
3. la **avenida**
4. la **carretera**
5. el **remitente**
6. el **número.** *n°* usually appears before the house number, but its presence is not necessary for the address to be understood.
7. la **posdata** *(postscript, P.S.)*
8. **A la atención de** *([for the] attention of)*

Often the name of the town or city is written in all capital letters, followed by the name of the province, either underlined or placed in parentheses, if the city in question is not a major city.

The house or building numbers *(los portales)* are read as cardinal numbers *(uno, dos, tres . . .)*. The floors or stories *(las plantas)* are numbered with ordinal numbers *(bajo, primero, segundo, tercero . . .)*, while the apartments *(los pisos)* on each floor are differentiated by means of letters or ordinal numbers. They are read as follows:
– nº 7, 4º A = número siete, cuarto A
– nº 7, 4º 1ª = número siete, cuarto primera

22
1. **quiénes – cómo**
2. **dónde – por qué**
3. **cuándo**
4. **cuánto**
5. **qué – cuántos**
6. **quién**
7. **cuál**

Don't forget: All interrogative pronouns are written with an accent mark, even when used in an exclamation *(¡Qué bonito!)*. Singular and plural forms exist only for *quién(es), cuál(es),* and *cuánto(s)*. No distinction is made between masculine and feminine forms, except for *cuánto/-a* and *cuántos/-as,* which are determined by the gender and number of the noun.

The interrogative pronouns *qué (which, what kind of)* and *cuánto (how much)* are the only forms that can be directly followed by a noun: *¿**Qué** camisa quieres? ¿**Cuántos** kilos le pongo?*

To answer the question *por qué (why)*, use *porque (because)*, written as one word, without an accent mark:
● ¿**Por qué** quieres irte a Alemania?
▲ **Porque** quiero aprender alemán bien, ya te lo he dicho.

Don't confuse this with the noun *el porque (reason, motive)* or with *por que,* which is a short form of *por lo/el/la/los/las que.*
● Tus **porqués** no los entiendo.
● Estos son los motivos **por que** discutieron tanto (= por los que).

23

1. **Customary.** This invitation, however, does not mean that you are being asked to stay in the home of your new acquaintances, not even if they belong to the younger generation. Usually "children" continue to live with their parents for quite a long time, in most cases until they reach the age of 25 or 30.
2. **Not customary.** The standard behavior would be to refuse the invitation at first and then, when it is extended a second time, to accept with gratitude. It is a different matter, of course, if your friendship is very close or of long standing.
3. **Not customary.** Usually the host alone provides the refreshments. Only his closest friends might perhaps be asked to help.
4. **Customary.** As a polite guest, one usually brings along a small token as a sign of gratitude. A dessert or some pastry to go with coffee would be good choices in the situation described.
5. **Customary.** Arrival in the first quarter of an hour is not considered lateness. For business appointments, however, you should be on time; only the boss can take the liberty of arriving late.
6. **Not customary.**
7. **Customary.**
8. **Not customary.** It is more usual to visit several bars in succession and to drink a cup of coffee or a glass of beer in each.
9. **Customary.**
10. **Customary.** When people who don't know each other very well meet in confined spaces (traveling by bus or subway, waiting in line, etc.), keeping silent creates an awkward or uncomfortable situation.

→ For more information on customs and other aspects of area studies, see QuickChecks 6, 10, and 44.

24

1. **café con leche – leche con cacao – chocolate – tostadas con mantequilla y mermelada – magdalenas, bizcochos, galletas...**
2. **una cerveza – un vermú – un tinto – un jerez; aceitunas – patatas fritas, almendras... – mejillones**

3. **cocido – paella – judías blancas – lentejas**. The *paella*, of course, could also be served as an evening meal. No one would eat heavy dishes like *cocido* or broad beans in the evening, however.
4. **un bocadillo – un sándwich**
5. **un filete con patatas fritas – huevos con patatas fritas – pescado – tortilla de patata**

Breakfast *(el desayuno)* is a very light meal in Spain: coffee with milk, along with a few crisp cookies or some toast. In the late morning there is a *second breakfast (el almuerzo),* when a *sandwich (el bocadillo)* or the like is eaten in a bar. Some people prefer to eat a simple second breakfast as well, much like the first, but most people choose something more substantial (bars and restaurants offer both types of meals). Time for an *aperitif (el aperitivo)* is usually taken on the weekend, when guests are invited to dinner or when there is something to celebrate. Nonalcoholic beverages are usually offered as well. If Spaniards go out for an aperitif, the usual time is between 1 P.M. and 2:30 P.M.

The principal mealtime is midday, when a warm meal is eaten. The evening meal, also warm, is somewhat lighter.

In a restaurant you can order *à la carte (a la carta)* or elect to have the *set menu (el menú),* which consists of several courses *(primer plato, segundo plato, postre)* and generally includes a beverage and bread as well. You also can inquire about the *specialties of the house (las especialidades de la casa)* or ask for *recommendations (platos recomendados).*

By the way: *Fish (peces),*

when cooked and served on a plate, become

pescado.

➡ For more on food, see QuickCheck 33.

25

1. a)
2. b)
3. a)
4. b)
5. b)
6. a)
7. b)
8. a)
9. a)

When a temporal relationship is being expressed, *whenever* and *when* are always translated with *cuando;* that is, no distinction is made between actions that occurred only once and actions that were repeated regularly in the past.

Take another close look at the way temporal relationships are expressed with the words *hace* and *desde:*

- **hace** + *period of time* → *ago*
  To indicate a point in time in the past, when no date can be given.
  *Me vine a vivir a Salamanca **hace cuatro años**.*

- **hace** + *period of time* + **que** + *verb* → *for (. . . now)*
  To indicate the time that has passed since a certain event.
  ***Hace dos meses que** no veo a mis padres.*

- **desde** + *date* → *since*
  To indicate the exact point in time when an action began.
  ***Desde 1995** no he vuelto a ver a Fernando y a Angelines.*

- **desde hace** + *period of time* → *for*
  To indicate the beginning of an action in the past, when no date can be supplied.
  *No puede dormir bien **desde hace una semana**.*

➜   For more on adverbs of time and time clauses, see
     QuickCheck 49.

26

1. **False.**
2. **False.** That the wallet was stolen in the subway is merely guesswork on the part of the victim.
3. **True** (in this context). *Echar en falta* means *to notice the loss, to miss*. *Darse cuenta* means only *to realize*.
4. **False.** There were also credit cards and other cards in the wallet.
5. **True.**
6. **False.** The police give him a list of the primary contact numbers only for the <u>most common</u> credit cards *(las más usuales)*.
7. **True.**
8. **False.** He has to apply in writing for a duplicate of his ID. The duplicate is not handed to him on the spot.
9. **False.** He has to appear in person at the appropriate office of the Traffic Administration.
10. **True.** The policeman draws his attention to the fact that he has to reapply for all the documents, so that he can identify himself duly. If his wallet is found, he will have two copies of all these documents.

The term *delito—crime—*is used to refer to all illegal acts. If modified by an adjective, however, it can also refer to specific crimes, for example, *delito fiscal—*tax fraud, tax evasion. The *criminals* or *guilty parties* are *delincuentes*.

Here are a few more important words and expressions that you can use when you have to proffer a charge or file a report:

la denuncia	report
el atraco	holdup
la violación	rape
el robo	robbery, theft
el ladrón	thief
forzar la cerradura	to force the lock
romper un cristal	to break a windowpane
perder	to lose

27

1. **informar—la información.** *El informe—report, piece of information*—is also part of this word series.
2. **invitar—la invitación**
3. **susurrar** *(to whisper)*—**el susurro** *(whisper, murmur)*
4. **contar—el cuento.** The verb *contar* has two meanings: *to tell, relate* and *to count*. The affiliated noun *la cuenta* means *bill, check*; *calculation*; *account*.
5. **aclarar—la aclaración**
6. **describir—la descripción**

The verb *decir* can be used in Spanish in almost more numerous ways than the English verb *to say*. However, if you want to precisely render the purpose or the volume of an utterance, for example, you should also know the following verbs with their affiliated nouns:

gritar—to shout, cry out
llamar—to call; to telephone
responder—to answer
aconsejar—to advise
agradecer—to thank

desear—to wish
repetir—to repeat

el grito—shout, cry
la llamada—call; telephone call
la respuesta—answer
el consejo—advice
el agradecimiento—thanks, gratitude
el deseo—wish
la repetición—repetition

28

A
B	M	O	N	T	E	V	I	D	E	O
K	U	J	A	B	P	M	N	S	L	A
A	Ñ	E	F	O	S	R	A	Ñ	C	S
U	S	T	N	G	Y	U	V	W	Q	U
C	Z	E	P	O	S	R	C	O	F	N
L	A	J	Ñ	T	S	X	Q	R	A	C
B	L	A	P	A	Z	A	U	L	E	I
V	Y	Ñ	O	R	S	N	I	Ñ	P	O
U	E	D	G	F	O	M	T	R	S	N
Z	O	H	T	Y	A	E	O	S	E	A
A	H	Q	C	A	R	A	C	A	S	S

1. **Caracas**	7. **Sucre** is the official capital of Bolivia; **La Paz** is the historic capital and current seat of government of the country.
2. **Buenos Aires**	
3. **Asunción**	
4. **Bogotá**	
5. **Montevideo**	8. **Lima**
6. **Quito**	

B

1. **a)** Mexico, Cuba, Colombia, and Bolivia also use the term *peso* for their currency, with a different value for each country, of course. To differentiate these currencies, we speak of the *peso argentino, peso mexicano,* . . .
2. **f)**
3. **d)** The Portuguese currency, by the way, is also called *escudo* in Spanish.
4. **c)**
5. **g)** El Salvador also has the *colón.*
6. **e)** This country, a self-governing commonwealth of the United States, also uses the American dollar as its official currency.
7. **b)**
8. **h)**

After the conquest of America, Spanish became the language of all the Latin American countries (with the exception of Brazil). There, as well as in the various regions of Spain, the language has evolved in very different ways. The chief differences include the following features:

- <u>Pronunciation:</u> For example, omission of the **-s** in final position; no distinction made between **s** and **z** or between **ll** and **y**;
- <u>Differences in form:</u> For example, use of the pronoun *vos* instead of *tú,* as well as *ustedes* instead of *vosotros;* use of the *pretérito indefinido* instead of the *pretérito perfecto;*
- <u>Vocabulary:</u> Sometimes there are different words for one and the same concept. In addition, new words, unknown in other countries or regions, have come into being. For example, the word for *car* in Latin America is *carro,* not *coche.*

→ For more information on the dialects of Spanish, see QuickCheck 19.

29

1. ... ¿quiere que se los traiga?
2. ... los han hecho.
3. No te levantes, yo te la traigo... or: te la traigo yo...
4. No te preocupes, ... te lo llevo a tu casa.
5. ... le he comprado a Juan una corbata preciosa.
6. ... nos los hemos comido todos.
7. ... ¿cómo le voy a preguntar eso?
8. A ella la he visto..., pero a él no lo he visto.
9. ... ¿me la puedes echar en el buzón? Also possible would be: ... ¿puedes echármela en el buzón?
10. ¿ ... me la puedes traer? Also possible would be: ... ¿puedes traérmela si está seca?

You've already noticed it: In Spanish, the rules of sentence structure are not extremely rigid. The order of the parts of a sentence is often variable, depending on what the speaker wants to emphasize.

You have no options, however, as far as the placement of pronouns is concerned:

- before the verb: With two pronouns, the indirect object (dative) precedes the direct object (accusative). The dative pronouns *le* and *les* change to *se* before *lo*, *la*, *los*, and *las*.

me		
te	lo	
se	la	Verb
nos	los	
os	las	
se		

- after the verb: With an affirmative imperative, the pronoun is always attached to the verb: first the indirect object, then the direct object. Since the stress needs to remain unchanged, an accent mark is written over the appropriate vowel of the imperative form: *cómpramelo*.

- With the infinitive and the gerund, the pronouns can be either placed in front of the main verb or attached to the infinitive or gerund: *lo voy comprendiendo—voy comprendiéndolo*.

30

1. kilo	4. gramos	7. porciones	10. número
2. cuarto	5. docena	8. litro	11. metro
3. medio	6. trozo	9. talla	

When shopping for meat, fish, and fruit, one generally orders as follows:

un cuarto	250 grams, half a pound
medio kilo	500 grams, half a kilo
un kilo	one kilo
kilo y cuarto	1250 grams

And so on: *kilo y medio, kilo y tres cuartos*. . . . You can also ask for sausage by the gram: *cien, ciento cincuenta, doscientos, trescientos*. . . . Eggs are sold *by the dozen (por docenas)* and *half dozen (medias docenas)*. Beverages are sold by the half-liter and liter: *medio litro, un litro, litro y medio*. . . .

31

1. Por	5. por	9. para	13. por
2. Por	6. para	10. por	14. para
3. para	7. para	11. por	15. por
4. por	8. por	12. por	16. por

From the test, then, you can infer the following usage of *por* and *para*:

Por is used
- to denote the place through which movement occurs or past which it goes (sentences 1, 2, 4, 11)
- to denote a medium (sentence 5)
- to express a reason or cause (sentences 8, 13, 15, 16)
- to express periods of time, for example, *por la tarde*, *por el verano*, . . . (sentence 10)
- to denote an agent in the passive voice (sentence 12)

Para is used
- to show the goal or direction of movement (sentence 3)
- to express the exact time of appointments or engagements (sentence 7)
- to show purpose, destination, or use (sentences 6, 9, 14)

32

CONTRATO DE ARRENDAMIENTO
DE FINCAS URBANAS

0964195   <u>**EJEMPLAR PARA EL ARRENDATARIO**</u>

IDENTIFICACION DE LA FINCA OBJETO DEL CONTRATO
Finca, local o piso (1)   PISO
Calle   C/FERNÁN GONZALES   núm.   23
Ciudad   SEVILLA   Provincia   SEVILLA

En   SEVILLA , a   1 de   FEBRERO de mil novecientos   NOVENTA Y CINCO, reunidos Don
ERNESTO LUJÁN DE LA TORRE , natural de
ALMOROX , provincia de   TOLEDO , de   30
años, de estado   SOLTERO, y profesión   MECANICO ,
vecino al presente de   MADRID , con documento
nacional de identidad n.°   8987532-V , expedido en
MADRID , con fecha 15-ENERO-1995 , en
concepto de arrendatario, por sí o en nombre de
MOTOR, S.L. , como   EMPLEADO
del mismo (1), y Don
D.ª SUSANA ROJAS CALVO   de   35
años, de estado   CASADA , vecino de   SEVILLA ,
con documento nacional de identidad n.°   04383518 ,
expedido en   SEVILLA , con fecha
3-JUNIO-90 , como (2)   DUEÑA ,
hemos contratado el arrendamiento del inmueble urbano que ha sido identificado encabezando este contrato, por tiempo de
UN AÑO , y precio de
// 80.000 PTAS. MES //   pesetas cada año,
pagaderos por   MESES , con las demás condiciones que se estamparán al dorso.

Formalizado así este contrato, y para que conste, lo firmamos por duplicado en el día de la fecha arriba indicada.

EL ARRENDATARIO,   EL ARRENDADOR,

(firma)   *(firma)*

(1) Táchese lo que no proceda.
(2) Expresar el carácter con que interviene, si es Dueño, Apoderado o Administrador.

135

TIP

Many of the terms used in this lease are part of the language of contract law. In everyday speech, there are more common ways to express these concepts:

- *el arrendamiento = el alquiler:* rent, rental.
- *la finca:* general term for all kinds of business premises, apartments, or pieces of real estate. In town, the term *finca urbana* also is used, in the country, *finca rural.*
- *el arrendatario = el inquilino:* tenant, renter.
- *el arrendador = el propietario:* landlord.

By the way: words that end in **-t** can lose this final letter. Then the stressed syllable is indicated by an accent mark: *el carnet = el carné, el vermut = el vermú.*

33

1. c)	5. j)	9. d)
2. i)	6. l)	10. e)
3. g)	7. b)	11. k)
4. h)	8. f)	12. a)

TIP

If you eat in a restaurant with friends, the check normally is split equally among all the members of your party, regardless of what each individual has eaten or drunk.
If you go out with friends for a drink, often one person pays for the entire round *(pagar por rondas);* that is, each person pays for the drinks of all the others once. The next round ordered—whether in the same bar or a different one—is paid for by someone else.

By the way: Dishes such as paella should be ordered at the restaurant in advance—as is customary in Spain—because they taste best when freshly prepared.

For more on food, see QuickCheck 24.

34

1. **DES-**: negation or reversal of the meaning.
2. **IN-**: negation or lack of . . . Careful: The prefix **in-** changes to **im-** before the letters **b** and **p**, to **i-** before **l** and **r**.
3. **PRE-**: anteriority.
4. **SUB-**: "under." Also in the sense of a subordinate position: *subdirector*.
5. **SOBRE-**: "over" or addition. Can also intensify the meaning, as in *sobrehumano—superhuman*.
6. **RE-**: repetition.

1. **desagradable** *(unpleasant, disagreeable)*—**desafortunado** *(unfortunate)*—**desagradecido** *(ungrateful)*—**desmaquillado** *(with makeup removed)*. Note the little distinction: *no estar maquillado* means *to wear no makeup*, *estar desmaquillado,* on the other hand, means *to have removed one's makeup*.
2. **informal** *(informal; unreliable)*—**increíble** *(incredible, unbelievable)*—**independiente** *(independent)*—**inculto** *(uncultivated; uncultured)*—**irresponsable** *(irresponsible)*—**ilegal** *(illegal)*
3. **predisponer** *(to predispose)*—**prefijar** *(to prearrange)*—prefabricar *(to prefabricate)*—**prehistoria** *(prehistory)*
4. **subrayar** *(to underline; to emphasize)*—**subdirector** *(deputy director, vice-director)*—**subterráneo** *(underground, subterranean)*—**subproducto** *(byproduct)*
5. **sobresueldo** *(extra wages, extra pay)*—**sobrellevar** *(to bear, to endure)*—**sobreexcitar** *(to overexcite)*—**sobrepeso** *(overweight)*
6. **revender** *(to resell)*—**reconstruir** *(to rebuild, to reconstruct)*—**repasar** *(to review)*—**recrear** *(to recreate)*

If you can't keep the negating prefixes *des-* and *in-* straight, you can also formulate your sentence with *no:*

- Mario **es** una persona **desafortunada.**
→ Mario **no es** una persona **afortunada.**

- Los españoles con las citas **son** bastante **informales.**
→ Los españoles con las citas **no son** muy **formales.**

By the way: The prefixes also have a number of other meanings. Only the most general ones were presented here.

35

A

1. **redondo**
2. **cuadrado. Cuadrangular** would also be correct, but it is less usual.
3. **rectangular**
4. **triangular**
5. **ovalado**
6. **alargado**

B

1. **verde;** *poner verde a alguien—to run someone down, to pull someone to pieces*
2. **blanco;** *quedarse en blanco—to have a blackout or temporary memory lapse*
3. **colorado** or **rojo;** *ponerse colorado/rojo—to blush*
4. **negro;** *verlo todo (de color) negro—to be pessimistic, to see the dark side of everything.* Sometimes one hears *gris* in place of *negro.*
5. **rosa;** *no ser de color rosa—to be not exactly rosy*
6. **marrón;** *nos cayó un buen marrón—we were given hell. Marrón—brown* is not used as a hair color or to denote the color of an animal's fur; here one has to use *castaño.*
7. **morados**—purple; *ponerse morado—to fill one's belly*

The following expressions are the best way to describe shapes:

- La habitación **tiene forma** cuadrada.
  La habitación **es** cuadrada.

          ntiate among various shades, the words *claro* or
              ly are added to the word for the color, as here:
                  blue and *azul oscuro—dark blue.* Some
                       ve their own special names:

| el azul celeste | sky blue |
| el azul ultramar | ultramarine |

(after the dark blue of the water in the depths of the sea)

| el verde oliva | olive green |

Careful: the word for an *olive* is *la aceituna!*

| el granate | garnet |

The *pomegranate* is *la granada.*

| el lila | lilac (color) |

La lila is the *lilac (shrub).*

36

The countries of origin and some of the best-known works of these authors are:

1. Alejo Carpentier—**Cuba**: *Los pasos perdidos (The Lost Steps), El siglo de las luces (Century of the Lights)*
2. Octavio Paz—**México**: *El laberinto de la soledad (Labyrinth of Solitude), Libertad bajo palabra (Liberty Under Promise)*
3. Camilo José Cela—**España**: *La familia de Pascual Duarte (The Family of Pascual Duarte), La colmena (The Beehive)*
4. Pablo Neruda—**Chile**: *Veinte poemas de amor y una cancion desesperada (Twenty Love Poems and a Song of Despair), Residencia en la tierra (Residence on Earth)*
5. Julio Cortazár—**Argentina**: *Rayuela (Hopscotch)*
6. Jorge Luis Borges—**Argentina**: *Ficciones (Fictions), El aleph*
7. Guillermo Cabrera Infante—**Cuba**: *Tres tristes tigres (Three Trapped Tigers), Delito para bailar el chachachá (Felony for Dancing the Cha-Cha)*
8. Miguel Ángel Asturias—**Guatemala**: *Leyendas de Guatemala (Legends of Guatemala), Los ojos enterrados (The Buried Eyes)*
9. Laura Esquivel—**México**: *Como agua para chocolate (Like Water for Chocolate), La ley del amor (The Law of Love)*
10. Ana María Matute—**España**: *Primera memoria (First Memory), La torre vigía (The Watchtower)*
11. Mario Vargas Llosa—**Perú**: *La ciudad y los perros (The City and the Dogs), La tía Julia y el escribidor (Aunt Julia and the Scriptwriter)*
12. Carlos Fuentes—**México**: *La muerte de Artemio Cruz (The Death of Artemio Cruz), Terra nostra*

13. Gabriel García Márquez—**Colombia**: *Cien años de soledad (One Hundred Years of Solitude), Del amor y otros demonios (About Love and Other Evils)*
14. Ernesto Sábato—**Argentina**: *El túnel (The Tunnel), Sobre héroes y tumbas (On Heroes and Tombs)*
15. Augusto Roa Bastos—**Paraguay**: *Hijo del hombre (Man's Child), Yo el supremo (I, the Supreme)*
16. Juan Carlos Onetti—**Uruguay**: *El astillero (Shipyard), Juntacadáveres (Body Snatchers)*
17. Miguel Delibes—**España**: *El camino (The Path), Las ratas (The Rats)*
18. Mario Benedetti—**Uruguay**: *A dos voces (In Two Voices)*
19. Gloria Fuertes—**España**: *La oca loca (The Crazy Goose)*
20. Isabel Allende—**Chile**: *La casa de los espíritus (The House of the Spirits), Paula*

In the past 30 years, five of these writers have been awarded the Nobel Prize for Literature:

- 1967, Miguel Ángel Asturias, Guatemala
- 1971, Pablo Neruda, Chile
- 1982, Gabriel García Márquez, Colombia
- 1989, Camilo José Cela, Spain
- 1990, Octavio Paz, Mexico

37

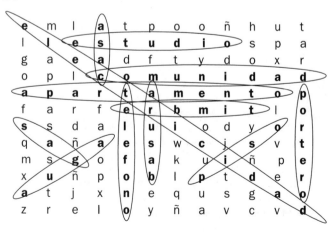

1. The sequence is not important here; what matters is to find all the words.
   a) **electricidad**—*electricity*
   b) **agua**—*water*
   c) **gas**—*gas*
   d) **basura**—*garbage, refuse*
   e) **comunidad**—*carrying charges*
   f) **teléfono**—*telephone*
2. a) **casa**—*house;* it could also be a **chalé.**
   b) **piso**—*apartment*
   c) **apartamento**—*(small) apartment*
   d) **estudio**—*studio*
3. a) **portero automático**—*door opener*
   b) **timbre**—*door bell*

Can you find your way around the house?

el pasillo	corridor, passage
el salón	living room, drawing room

The *salón* is the principal room, where visitors are received; often—particularly in smaller apartments—it serves as both living room and dining room.

el cuarto de estar	living room
el comedor	dining room
el dormitorio/la habitación de matrimonio	master bedroom
la habitación de los niños	children's room
el despacho/el estudio	study
la cocina	kitchen
el cuarto de baño	bathroom
la terraza	terrace

38

1. **he estado**
2. **ha llegado – dijo.** *Maribel* is an abbreviated form of *María + Isabel.*
3. **estuviste**
4. **ha terminado – vi**
5. **terminó – aprobó**
6. **he comprado**
7. **habéis hecho – hemos estado**

8. **estuve**. A *comedia de enredo* is a *comedy of intrigue,* in which the comic element is created by situations in which the characters are mistaken for one another, twins appear, and so on.
9. **has tardado – ha estropeado – he cogido**

The *pretérito indefinido* is used for actions in the past that have no effect on the present. Expressions of time such as *ayer, anoche, la semana pasada, el otro día,* and *hace un año* are an indication that the *indefinido* should be used.

The *pretérito perfecto* is used to discuss past events that the speaker views as having a close relationship to the present. It appears with time expressions such as *hoy, esta mañana, esta semana,* and *este fin de semana.* In some regions of northern Spain and some Latin American countries, however, the *indefinido* is also used indiscriminately with these expressions.

➜ For more on the use of the tenses, see QuickCheck 17.

39

A

1. **coger**	3. **llevar**	5. **recoger**
2. **colocar**	4. **traer**	6. **enviar**

B

1. **subir** a un árbol o las escaleras
2. **bajar** de un árbol o las escaleras
3. **caerse** del árbol
4. **escalar** una montaña
5. **sentarse** en la silla
6. **estar sentado** en la silla
7. **levantarse** de la silla o de la cama
8. **tumbarse** en un sofá o en la cama. *Tumbarse* means *to lie down,* though not with the intention of sleeping for a long time.
9. **estar de pie**
10. **apoyarse** en la pared o en la barandilla

The verbs *traer* and *llevar* can mean both *to carry (along* or *away)* and *to bring*. However, Spanish makes a distinction, depending on the standpoint of the speaker:

Therefore:
→ Yo te **llevo** algo a ti.
→ Tú me **traes** algo a mí.

Take a look at the following telephone conversation between two friends who are planning a party:

● ¿Puedes **traer** un par de discos para la fiesta?
▲ ¿Cuáles? ¿Los que quiera?
● Hombre, algo que creas que puede gustar a todo el mundo.
▲ ¿Te **llevo** rumbas, por ejemplo? ¿Y algo de música disco? Así hay de todo.
● Lo que quieras, elige tú.

→   For more on prepositions, see QuickCheck 41.

40
1. carácter—**trait, attribute**
   character (of a drama/novel)—**personaje**
2. capa—**cape, cloak; coat (of paint)**
   cap—**gorro; tapa (de botella)**
3. carpeta—**doily; folder, letter file**
   carpet—**alfombra**
4. complexión—**build, physique**
   complexion—**tez, color (de la piel)**
5. cultivado—**tilled**
   cultivated—**culto/-a** (e.g., *persona culta*)
6. dato—**fact**
   date—**fecha**
7. embarazada—**pregnant**
   embarrassed—**avergonzado/-a**

8. mantel—**tablecloth**
   mantel—**manto** or **repisa (de la chimenea)**
9. noticia—**new item**
   notice—**aviso**
10. pipa—**seed; smoking pipe**
    pipe—**tubo, caño**
11. retrato—**photograph**
    retreat—**retirada**
12. sensible—**perceptible**
    sensible—**sansato/-a, razonable**
13. sopa—**soup**
    soap—**jabón**
14. trampa—**trap**
    tramp—**vagabunda/-o**

"False friends" are words that are spelled very similarly in English and Spanish, but are very different in meaning. Watch out whenever a word looks too easy. It could be a "false friend."

41

1. **con / por**
2. **de**
3. **de – por**
4. **a**
5. **ø**
6. **a.** The *Cabalgata* is the ceremonial procession (cavalcade) with the Three Wise Men on January 5th.
7. **de**
8. **con.** A synonym would be *enfadarse con alguien.*
9. **por**
10. **ø**
11. **de**
12. **por**
13. **con.** Opposite in meaning would be *estar contra nosotros.*
14. **con**
15. **a**
16. **ø**
17. **de**

It is always difficult to state a general rule where prepositions are concerned. In this test, however, we used several verbs that always appear with a certain preposition or with no preposition:

- **acordarse** + **de** + algo/alguien
- **empezar** + **a** + infinitive
  empezar + algo
- **ir** + **a** + destination
- **venir** + **de** + place of origin. *Llegar de (Madrid, etc.)* is used with the same meaning.
  venir + **a** + infinitive. Expresses cause or motive.
- **regañar** + **con** + alguien. The cause or motive is expressed with *por*.
- **enfadarse** + **con** + alguien. See *regañar con*.
- **dejar** + algo: *Deja la comida apagada cuando te vayas.*
  <u>But:</u> **dejar** + **de** + infinitive: *Deja de molestar a tu hermano.*
- **contar** + **con** + algo/alguien. The pronouns *yo* and *tú* are written together with the preposition *con,* as *conmigo* and *contigo.* In all other cases, the personal pronouns are used: *con nosotros, . . .*
- **acabar** + **de** + infinitive

42

A

1. **número**
2. **cartilla**—approximately: *health insurance certificate*
3. **consulta**—*office hours (of a doctor)*
4. **fiebre**
5. **grados**
6. **malestar**—*indisposition*
7. **efectos**
8. **recetar**—*to prescribe*
9. **cucharadas**—*spoon(ful)*

B

1. **tomar la tensión**—*to take blood pressure*
2. **hacer una receta**—*to write out a prescription*
3. **tener tos**—*to have a cough*

4. **pasar visita**—*to visit, to make a (sick) call*
5. **tomarse una aspirina**—*to take an aspirin*
6. **poner una inyección**—*to give an injection*
7. **operar del corazón**—*to perform heart surgery*

Spain has a healthcare system that is available to everyone, at no cost. In the larger cities, there are social security *(Seguridad Social)* out-patient clinics in the various districts. There, depending on the capacity and size of the various centers in each district, general practitioners, pediatricians, and other professionals provide healthcare. Normally a doctor is assigned to the smaller towns and villages. He maintains a practice with fixed office hours and is obligated to visit the other villages in his area regularly.

Up to 60 percent of the cost of prescriptions or medicines is covered by the state, provided they are written or prescribed by physicians who are part of the Public Healthcare System *(Sanidad Pública)*.

Although everyone is entitled to the services of the Public Healthcare System, more and more Spaniards are choosing to purchase private health insurance, in order to avoid the long waits and to receive better care. The costs of the medicines prescribed for them, however, are not covered by the state.

Just in case, here are a few more of the available forms of medicines:

las pastillas	tablets
las cápsulas	capsules
los jarabes	syrup
los supositorios	suppositories
las inyecciones	injections
las cremas y pomadas	creams, salves, ointments
las ampollas	ampoules
las gotas	drops

43

1. **el delfín**; all the others are farm animals.
2. **el chalé**; the only single-family dwelling, the others are apartments in multifamily dwellings.
3. **la botella**; the only container for liquids. *Una fuente* is a large platter or tray in/on which food is brought to the table. This term is surely more familiar to you in its other meanings: *fountain* and *spring*.
4. **el jerez**; *sherry* is the only alcoholic beverage. *Café con hielo* is usually drunk in the hot summer: freshly brewed, sweetened coffee is served in a glass with ice cubes.
5. **la ambulancia**; passengers or goods are transported in all the others.
6. **el libro**; all the others are "blank" and have yet to be filled with writing or pictures.
7. **la revista del corazón**; only the *tabloid* is not a reference work.
8. **el monedero**; only in it are coins kept exclusively.
9. **el camino**; all the others are asphalt-paved streets.
10. **la harina**; all the others can be used to season foods.
11. **el timbre**; the only one that makes a noise.
12. **el sol**; all the others can be "lit" by humans.

As its name tells us, *el monedero* is a coin purse; a *billfold* or *wallet*, accordingly, is *la cartera*. Be careful: Don't confuse *el bolso (purse)* and *la bolsa (bag, pouch)!* In compounds, *bolsa* usually is translated as *bag: la bolsa de viaje—travel bag, la bolsa de deporte—sports bag*.

44

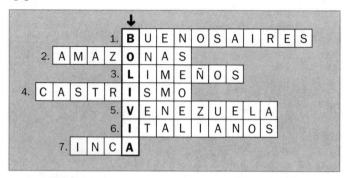

1.	**B**	U	E	N	O	S	A	I	R	E	S
2. A	M	A	Z	**O**	N	A	S
3.	**L**	I	M	E	Ñ	O	S
4. C	A	S	T	R	**I**	S	M	O
5.	**V**	E	N	E	Z	U	E	L	A
6.	**I**	T	A	L	I	A	N	O	S
7. I	N	C	**A**

1. **Buenos Aires**
2. **Amazonas**
3. **limeños**
4. **castrismo**
5. **Venezuela**
6. **italianos**
7. **inca**

Solution: **BOLIVIA**

The victory over the royal troops in the Battle of Ayacucho on December 9, 1824, is regarded as the end of the South American wars of independence. Simón Bolívar had led this liberation movement; the popular hero General Sucre, who later succeeded Bolívar as president of Bolivia, commanded the invading forces in Ayacucho.

By the way: The independence of the Latin American countries is called *Emancipación* in Spanish—as distinguished from the independence of the North American states, *Independencia*.

→ For more information on area studies, see QuickChecks 6, 10, and 23.

45

1. **busca**
2. **Recuerda – di – no hables**
3. **Pon**
4. **llame – venga**
5. **No llegues**
6. **pensad – organizad – no olvidéis – no tengáis**
7. **Ten**
8. **ve**
9. **tomen – Pónganse**
10. **Rellene – firme**

Of course, the imperative is used for commands and exhortations, but it is used even more frequently to say things politely and graciously.

To refresh your memory: The imperative has two special forms of its own: the second person singular and plural (*tú* and *vosotros/-as*) in the affirmative. The *tú* form corresponds to the third person singular present tense:

escribir → escrib**e**   escuchar → escuch**a**

You need to note the eight irregular forms of the imperative with *tú:*

decir → **di**   hacer → **haz**
ir → **ve**   poner → **pon**
salir → **sal**   ser → **sé**
tener → **ten**   venir → **ven**

The affirmative form in the plural is not difficult either. Simply take the infinitive and replace the **-r** with a **-d**:

escribir → escribi**d**   escuchar → escucha**d**

The negative imperative and the polite form *(usted)* are always formed with the corresponding form of the subjunctive.

46

1. **el maletero**—*trunk*
2. **el parabrisas**—*windshield*
3. **el limpiaparabrisas**—*windshield wiper*
4. **el capó**—*(engine) hood*
5. **el tubo de escape**—*exhaust pipe*
6. **las ruedas**—*tires*
7. **el intermitente**—*blinker*
8. **los faros**—*headlights*
9. **la matrícula**—*license plate*
10. **el parachoques**—*bumper*
11. **el retrovisor**—*rearview mirror*
12. **el claxon** (o **la bocina**)—*horn*
13. **el volante**—*steering wheel*
14. **la palanca del limpiaparabrisas**—*windshield wiper control*
15. **el interruptor de encendido**—*ignition lock*
16. **el embrague**—*clutch pedal*
17. **el freno**—*brake pedal*
18. **el acelerador**—*gas pedal*
19. **el freno de mano**—*handbrake*
20. **la palanca de cambios**—*gearshift*

If you are traveling by car, you can get *gasoline (la gasolina)* in these forms: *leadfree (sin plomo), regular (normal),* and *super* or *extra (super),* as well as *diesel (el gasoil* or *el diesel),* which is cheaper.

Here, a few additional automotive terms that could come in handy:

poner gasolina	(re)fuel, gas up
la gasolinera	gas station
una avería	breakdown
la grúa	tow truck
el taller	repair shop
el pinchazo	flat tire
la rueda de repuesto	spare tire
comprobar la presión de las ruedas	check the air pressure
el nivel de líquido del radiador	the water level in the radiator
la batería	the battery
el nivel de aceite	the oil level

47

1. **d)** This response fits the statement *A mí **no** me gusta*.
2. **a)** This would be a response to *A **mí** me gusta*.
3. **d)** The question that fits this answer would have to be *¿Qué hora es?* But here a question about price was asked.
4. **c)** This answer would be correct if the <u>customer</u> asks: *¿Me puede ayudar?*
5. **c)** *Hoy por ti, mañana por mí* is roughly equivalent to the English saying *You scratch my back and I'll scratch yours*.
6. **c)** *¿A cuántos estamos?* is a way of asking the day of the week or the date.
7. **b)** *También* can be used in response to a positive statement only. For more information, see the TIP below.
8. **b)**
9. **c)**
10. **c)**

Did you make a mistake in the use of *también* and *tampoco?* Then you'll find another example of each below:

1. ● ¿Te ha gustado la película?
   ▲ A mí sí que me ha gustado.
   ★ A mí **también**. Me ha encantado.

The speaker uses *también*—*also, too* to include him- or herself in a <u>positive</u> statement.

2. ● ¿Te ha gustado la película?
   ▲ No mucho, la verdad.
   ★ A mí **tampoco**.

The speaker uses *tampoco*—*neither, not either* to include him- or herself in a <u>negative</u> statement.

48

1. **M = martes, X = miércoles**
2. **El trenhotel 944**. Arrival at 4:26 A.M. in Zaragoza. The *IC 178* does not run on this line on Sundays.
3. **Dos, los Estrella.**

4. **El Estrella 1370.** Departure at 8:10 A.M. from Barcelona Sants. The *Diurno* does not run between January 7 and March 20; the *Estrella 370* does not run on Wednesdays.
5. **El diurno 471.** Departure at 8:00 P.M. from Barcelona Sants or six minutes later from Barcelona Passeig de Gràcia.
6. **Sólo uno, el trenhotel 874.** It only goes as far as Zaragoza, however.
7. **Dos, el IC 178 y el diurno 544.** The *Estrella 370* does not run on Thursdays.
8. **Cuatro.** The two *Estrellas* run only alternately from January 6, 1997, on.
9. **692 kilómetros.**

Madrid and Barcelona have several train stations. In Madrid these are Puerta de Atocha, Atocha Cercanías, and Chamartín; the Barcelona stations are Sants, Passeig de Gràcia, and Estaciò de França. Generally, the trains stop at all these stations, so you can board at the station of your choice.

49

1. a)	**3.** a)	**5.** a)	**7.** a)
2. b)	**4.** b)	**6.** b)	

Here, once again, are the expressions of time that appeared earlier in the text:

ayer	yesterday
la semana pasada *(with the article!)*	last week
en Navidad	at Christmas
en agosto	in August
por las mañanas *(with the article and preposition)*	in the mornings

In translating time expressions, pay special attention to the prepositions and articles that are used in the target language. Literal translations will put you on the wrong track, and, unfortunately, there are no universally valid rules that apply here.

→ For more on the use of the tenses and time expressions, see QuickChecks 17, 25, and 38.

50

1. **se celebrará. Tendrá lugar** would also be correct.
2. **se encuentra**
3. **procede**
4. **saben**
5. **perteneció a**
6. **se encuentra**
7. **se porta**
8. **nació en**
9. **se pone**
10. **ha sucedido**. The verb *ocurrir* could also be used here with the same meaning: *No sé por qué **ha ocurrido.***

In these examples, *encontrarse* has two meanings:

- In sentence 2, it means *to feel—sentirse*. When meeting a friend, you can also use these set phrases: *¿Qué tal estás?* or *¿Cómo estas?* In addition, if someone is or has been ill, you ask *¿Qué tal estás?* or *¿Cómo te encuentras?*
- In sentence 6, however, *encontrarse* means *to be, to be situated—hallarse*.

Ser and *estar* are verbs that can be used in many ways; often they will enable you to take the easy way out. Nevertheless, you should get used to using the other verbs.

➜   For more on using "ser" and "estar," see QuickCheck 13.

Glossary

The following explanations of words apply to the tests in the book. In some cases, the terms have other meanings as well.

QuickCheck 1

el ascenso	promotion
la Semana Santa	Holy Week

QuickCheck 2

el rayo	lightning
amanecer	to dawn, to begin to get light

QuickCheck 3

los días de diario	on weekdays, on workdays
atender	*here:* to wait on
cuánto lo siento	however much I regret
el detalle	small thing, token

QuickCheck 4

la telaraña	spiderweb
el sacacorchos	corkscrew
el hombre rana	frogman, diver
los hijos politicos	sons- and daughters-in-law

QuickCheck 6

el navegante	navigator
suponer	to suppose
la emancipación	independence *(of the Spanish colonies)*
apodado/-a . . .	nicknamed . . .
el golpe de estado	coup d'état
la restauración	restoration
tras	after; behind
las posesiones	possessions
emanciparse	to become independent
la bahía	bay
el dueño	proprietor, owner
apoyar (a)	to support

QuickCheck 7

el prohibido	*here:* prohibition sign
todo recto	straight ahead
la rotonda	rotunda

QuickCheck 8

el signo de puntuación	punctuation mark
inconsciente	unconscious
descambiar	exchange
los valores	securities
cotizar	to quote, to set a price on

QuickCheck 9

llorón, llorona	weeping, crying, whiny
echarse novio	to get oneself a boyfriend
Tréveris	Trier, Treves
convertirse en	to turn into, to become
la salchicha	sausage

QuickCheck 10

la onomástica	name day
el nombre de pila	baptismal name
coincidir (con)	to agree (with)
tópico	stereotypical, trite
judío	Jewish
la pinacoteca	picture gallery
bautizar	baptize, name
la convivencia	living together
proporcionar	*here:* to set, to establish
tocarse	to touch
la cercanía	closeness, vicinity

QuickCheck 11

el eje	axis, axle
hacer daño	to hurt, to harm
las extremidades	extremities
doblar	to bend
enmarcar	to frame
la raya	line
el pendiente	earring

QuickCheck 13

el mesón	inn, tavern
descosido/-a	ripped, unstitched
las natillas	custard
insoportable	unbearable, insupportable
suspender	to fail, to flunk *(someone in an exam)*
las oposiciones	competitive examinations *(for government jobs)*
el guión	(movie and TV) script
la dirección	direction
el éxito	success
por casualidad	by chance, accidentally
exponer	to exhibit

QuickCheck 15

devolver la visita	to return (someone's) visit
por anticipado	in advance

QuickCheck 16

la granja	farm
la cría	brood, litter; young animal
ojalá	I wish! I hope! God grant . . . !
estar rodeado/-a (de)	to be surrounded (by)
estar enfadado con alguien	to be angry at someone
armar ruido	to make noise, to cause a rumpus
hinchado/-a	swollen
presenciar	to witness, to attend

QuickCheck 17

transcurrir	to pass, to elapse
el huerto	garden
al finalizar agosto	at the end of August
en el portal	*here:* in the same building
infinito	countless
el castigo	punishment

QuickCheck 19

a su vez	in turn; on his/her part
la ribera	(river)bank
la variedad	*here:* variety
desarrollarse	to develop

QuickCheck 20

pagar en efectivo	to pay cash

QuickCheck 22

de la carrera	*here:* from the university
el temporal	storm
la tintorería	dry-cleaning establishment

QuickCheck 23

agradar	to please
conceder	to allow, to concede
los cacahuetes	peanuts
las pipas	*here:* roasted sunflower seeds
la cáscara	hull, rind, shell
el hueso	stone, pit
compartir con	to share with

QuickCheck 24

las magdalenas	madeleines, *small cakes made from sponge cake mixture*
el bizcocho	biscuit; sponge cake; hardtack
los mejillones	mussels

QuickCheck 26

por lo tanto	therefore
tranquilizarse	to calm down, to calm oneself
anular	to cancel, to annul
facilitar	to provide
el impreso	form
formalizar la denuncia	to file a complaint, to accuse
la petición	petition, request
recuperar	to recover, to recuperate
en cuanto + *Subjuntivo*	as soon as . . .
mientras tanto	meanwhile, in the meantime
gestionar algo	to undertake something
en el momento	immediately

QuickCheck 27

la cumbre	summit, pinnacle
el grano	pimple

QuickCheck 29

los deberes	homework, schoolwork
prestar	to lend, to loan
tener en cuenta	to take into account
tender	to hang clothes out to dry

QuickCheck 30

la carne picada	ground meat
la pechuga de pollo	breast of chicken
el chorizo	spicy sausage
el queso manchego	cheese from la Mancha
la bodega	wine cellar
el calzado	footwear
medir	to measure
¿cuánto mides?	how tall are you?

QuickCheck 31

ahorrar	to save
el ciudadano	citizen
difundir	to spread (news), to broadcast

QuickCheck 32

crecer	to grow, to increase
Formación Profesional	*training course at a non-university institution*
dejar en regla	to put in order
el alojamiento	lodging, accommodation
natural de	born in
el estado	*here:* marital status
vecino de	resident of, residing in
expedir	to issue

157

en concepto de	as, in the capacity of, acting as
identificado encabezando este contrato	mentioned above
pagadero/-a	due, payable
estampar	to stamp, to print
el dorso	back
formalizar un contrato	to execute a contract
para que conste	in witness whereof
táchese lo que no proceda	delete whatever does not apply
el apoderado	proxy
el administrador	administrator

QuickCheck 33

los canelones	cannelloni
casero	homemade
apuntarse	to add one's name to a list
fuerte	strong, spicy
el besugo	sea bream, red porgy
el solomillo a la pimienta	steak au poivre
la barra	bar
echar cuentas	to settle accounts
rico/-a	delicious

QuickCheck 34

rayar	to draw lines on, to cross out
crear	to create

QuickCheck 35

pillar	to catch, to grasp
salir al revés	to go wrong

QuickCheck 37

la cocina-americana	kitchenette
apretar	to press, to push

QuickCheck 38

extrañarse	to wonder (at), to be surprised
la carrera	studies, course of study
casualmente	accidentally, by chance
aprobar	to pass
estropearse	to fail, to get out of order

QuickCheck 39

la estantería	shelving, shelves
la carta certificada	registered letter (mail)

QuickCheck 41

seguir en paro	to (still) be out of work
el nudo	knot
la memoria	report, statement

los anuncios	advertisements
las ojeras	circles under the eyes
los dulces	sweets
por fin	finally
barrer	to sweep

QuickCheck 42

el ambulatorio	public clinic, out-patient clinic
acercarse	to come, to approach
el mareo	nausea, dizziness
débil	weak
estar acatarrado/-a	to have a cold
toser	to cough

QuickCheck 43

la tónica	tonic (water)
el listín telefónico	telephone book
la cerradura	(door) lock

QuickCheck 44

los descendientes	descendants
proceder (de)	to originate
en honor a	in honor of

QuickCheck 45

la redacción	essay
la puntuación	punctuation
la ventanilla	(bank, theater) window

QuickCheck 47

la puesta en escena	staging, production
el tacón	heel
el parchís	Parcheesi (board game)

QuickCheck 48

la inicial	initial letter
el trayecto	*here:* trip
el transbordo	transfer

QuickCheck 50

tener buen aspecto	to look good
asegurar	to assure
travieso/-a	naughty, mischievous
criarse	to grow up
destinar	to assign (a person to a place)